10

박정자 풀꽃 사진 시집

月刊文學 출판부

책 머리에   『꽃탑』을 마무리하면서

   10여 년 동안 산과 들, 식물원을 돌아다니며 찍은 꽃 사진을 정리하여, 『꽃탑1』을 낸(2011년) 후, 해마다 1권씩 발간하여 이제 『꽃탑10』으로 마무리하게 되었다. 이번 『꽃탑10』 끝에는, 꽃은 아니지만 꽃처럼 아름다운 은화식물(민꽃식물)과 버섯도 부록으로 엮었다.
   돌이켜보면 사진 2930여 장, 시 1270여 편인데, 그 수량을 말하려는 것이 아니라, 그동안 한 장 한 장 사진을 찍고 가려내고 시를 지을 때마다 딴생각 없이 그저 즐거웠다는 말을 하고 싶어서다.

『꽃탑』이 나올 때마다 반기며 격려해 주신 많은 분들과 책을 멋지게 꾸며 주신 『월간문학』에도 감사의 인사 말씀을 올립니다.

2020(4353)년 2월

다물(多勿) 시마루에서

石雲 朴貞子

책머리에 『꽃탑』을 마무리하면서   004

탄지꽃   014

탐라란꽃   016

탑꽃   018

터리풀꽃(불가리아터리풀꽃)   020

털동자꽃(우단동자꽃 · 플로스쿠쿠리동자꽃)   022

털머위꽃   024

털이슬꽃   026

털제비꽃   028

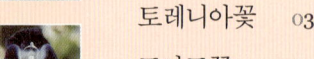
털중나리꽃(고산털중나리꽃 · 중나리꽃)   030

토끼풀꽃(분홍토끼풀꽃)   032

토란꽃(자주토란꽃)   034

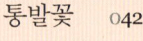
토레니아꽃   036

토마토꽃   038

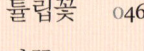
톱풀꽃(붉은톱풀꽃 · 미니톱풀꽃 · 서양톱풀꽃)   040

통발꽃   042

투구꽃(흰투구꽃)   044

튤립꽃   046

파꽃(산파꽃)   048

파대가리꽃   050

파드득나물꽃   052

파리풀꽃   054

파인애플세이지꽃(멕시코세이지꽃)　056

파피루스꽃　058

파피오페딜럼꽃　060

팔레놉시스꽃　062

팥꽃　064

패랭이꽃(흰패랭이꽃·사계패랭이꽃·흰섬패랭이꽃·

　　　　유럽패랭이꽃·니발리스패랭이꽃)　066

팬지꽃　068

페튜니아꽃　070

푸옵시스꽃　072

풀모시금낭화꽃(고산금낭화꽃·엑시미아금낭화꽃)　074

풀솜나물꽃　076

풀솜대꽃　078

풀협죽도꽃　080

풍란꽃　082

풍선덩굴꽃　084

프리뮬러꽃　086

프리지어꽃　088

피나물꽃　090

피뿌리풀꽃　092

핑퐁국화꽃　094

하늘지기꽃　096

하수오꽃　098

한계령풀꽃　100

한련초꽃　102

한련화꽃　104

해국꽃(흰해국꽃·일본해변국화꽃)　106

해란초꽃(좁은잎해란초꽃)　108

해마리아꽃　110

해바라기꽃(애기해바라기꽃)　112

해오라비난초꽃　114

해오라비사초꽃　116

향모꽃　118

헬레보루스꽃(흰헬레보루스꽃)　120

헬리오트롭꽃　122

현호색꽃(댓잎현호색꽃)　124

호박꽃　126

호제비꽃　128

홀아비꽃대꽃　130

홀아비바람꽃　132

홍학꽃　134

화초강낭콩꽃　136

화초호박꽃　138

환삼덩굴꽃　140

활나물꽃　142

활량나물꽃　144

황금꽃　146

황금무늬맥문동꽃　148

황기꽃(백두산황기꽃)　150

황새승마꽃　152

 회리바람꽃 154

 회향꽃 156

 후추꽃 158

 흑바위솔꽃 160

 흑박주가리꽃 162

 흑삼릉꽃 164

 흰고려엉겅퀴꽃 166

흰독말풀꽃(큰흰독말풀꽃) 168

 흰무릇꽃 170

흰물봉선꽃(붉은점흰물봉선꽃) 172

흰민들레꽃 174

흰박주가리꽃 176

흰전동싸리꽃 178

흰좀바위솔꽃 180

흰줄무늬사사꽃 182

히아신스꽃(미니히아신스꽃) 184

부록1_ 은화식물

 개속새(속새) 188

고란초 190

 고비 192

 고사리 194

고사리삼 196

 관중 198

긴잎석위 200

꿩고비 202

박쥐란 204

솔이끼 206

솔잎란 208

쇠뜨기 210

우산이끼 212

일엽초(우단일엽초 · 산일엽초) 214

큰봉의꼬리 216

풀고사리 218

부록2_ 버섯

가랑잎애기버섯 222

구름버섯 224

노란달걀버섯 226

노랑망태버섯 228

달걀버섯 230

두엄먹물버섯 232

들주발버섯 234

말굽잔나비버섯 236

말총낙엽버섯 238

먹물버섯 240

민자주방망이버섯 242

밀버섯 244

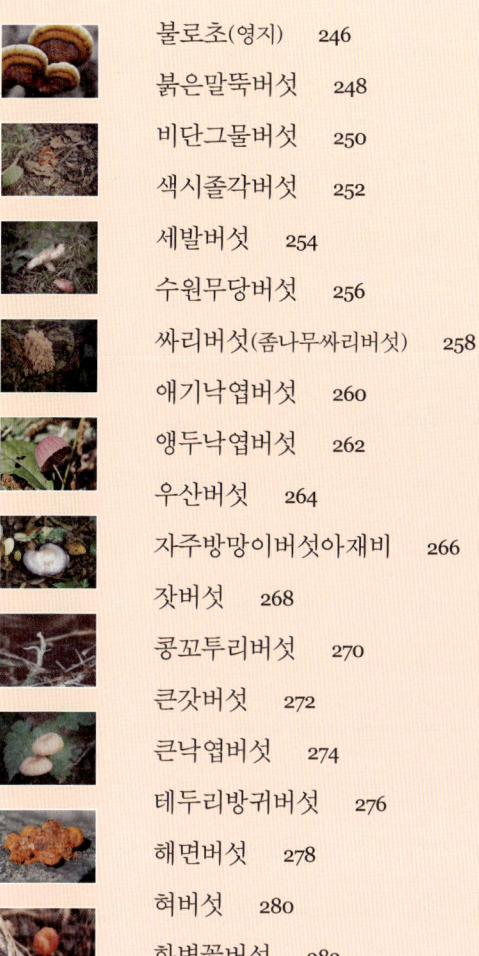

불로초(영지) 246

붉은말뚝버섯 248

비단그물버섯 250

색시졸각버섯 252

세발버섯 254

수원무당버섯 256

싸리버섯(좀나무싸리버섯) 258

애기낙엽버섯 260

앵두낙엽버섯 262

우산버섯 264

자주방망이버섯아재비 266

잣버섯 268

콩꼬투리버섯 270

큰갓버섯 272

큰낙엽버섯 274

테두리방귀버섯 276

해면버섯 278

혀버섯 280

화병꽃버섯 282

흰애주름버섯 284

부록   작품 연보 286

꽃탑 10

탄지꽃

언뜻
꽃만 보았을 때
낯익은 얼굴인 듯도 싶었으나
잎과 줄기까지 눈여겨보니
분명 초면은 초면

참 희한도 하지
꼭 어디서 본 듯한
이미 알고 있었던 사람을
오랜만에 다시 만난 것 같은
묘한 감정
숨길 수가 없었으니

하여간 우린 이렇게
아는 사이가 되었지요

✽✽✽ 관상용으로 꽃밭에 기르는 여러해살이풀. 80~100cm 가량 자라는 줄기는 윗부분에서 가지가 많이 갈라진다. 줄기에 어긋나는 잎은 깃꼴로 갈라진다. 가을에 윗부분 잎겨드랑이에서 자란 꽃줄기 끝에 머리 모양의 노란색 꽃이 송아리를 이루며 모여 핀다.

탐라란꽃

용케도
널 만난 이 기쁨
네가 알 턱은 없겠으나

마치 세상에 존재하는
모든 신비로움
고스란히 품고 있는 것 같아

벅차오르는 가슴
떨리고 설레다 못해
심란하기까지 하니

이를 어찌할까나

✽✽✽ 바위나 상록 활엽수 줄기에 붙어 사는 여러해살이풀. 많은 공기뿌리에서 자라는 짧은 줄기는 비스듬히 선다. 줄기에 어긋나는 피침형 잎은 5~15장으로 약간 굽은 가죽질이며 밑동은 줄기를 감싼다. 여름에 10~15cm 가량 자라는 꽃줄기 끝에 담황색 꽃이 몇 개씩 피는데, 꽃받침과 곁꽃잎은 좁은 타원형이며 입술꽃잎은 부채 모양이고 밑은 주머니 모양이며 안쪽 면엔 암홍색 반점이 있고 가장자리는 오돌토돌하다.

탑꽃

잠시 머물다 가야 함을
몸소 알고 있듯이
이름 불러줄 사람 많지 않음도
익히 알고 있지만

한 송이 한 송이마다
혼신을 다해
가슴에 가슴을 포개듯
작은 탑을 쌓아 갑니다

어떤 훼방꾼 밀어닥치고
어떤 비바람 몰아쳐도
무너지지 않을
그런 탑을 쌓아 갑니다

❋❋❋ 산지 그늘에 여러해살이풀. 10~30cm 가량 자라는 줄기는 여러 대가 모여 나며 비스듬히 서고 굽은 털이 나 있으며 가지가 갈라진다. 줄기에 마주나는 달걀형 잎은 끝이 뾰족하고 밑 부분은 둥글며 가장자리에 톱니가 있다. 여름에 줄기 윗부분 잎겨드랑이에 입술 모양의 분홍빛이 도는 흰색 작은 꽃이 모여 층을 이루며 핀다.

불가리아터리풀꽃

터리풀꽃

비 그친 뒤 구름 걷히듯
안개 사라진 숲속에
보일 듯 말 듯
앙증맞게 입술 다물고
새치름만 떨고 있더니

끊임없이 살랑대는
산바람의 유혹
차마 못 이기는 척
살래살래 고갯짓하며
고고하게 피어날 때

득달같이 달려온
꽃벌 한 마리
첫사랑에 목숨을 건다

✽✽✽ 산지 숲속에 여러해살이풀. 1m 가량 곧게 자라는 갈색 줄기는 위에서 가지가 갈라진다. 줄기에 어긋나는 잎은 깃꼴겹잎으로 끝에 것은 단풍잎처럼 5개로 갈라지고 옆에는 1~7장의 작은 잎이 있다. 갈래조각은 끝이 날카롭고 가장자리에 겹톱니가 있다. 여름에 줄기와 가지 끝에 자잘한 흰색·연분홍색 꽃이 촘촘하게 피어나 커다란 송이를 이룬다.

우단동자꽃

플로스쿠쿠리동자꽃

털동자꽃

하늘 가까이 흐르는
골 깊은 골짜기
청청한 물소리 따라
한껏 어우러진
초록 풀숲에

스스로를 태우고 태워
갈길 바쁜 이의
눈길마저 사로잡는
주홍빛 나신

아무리 앞만 보고 걷는
무뚝뚝한 산꾼이라도
못 본 체 지나갈 순 없을 것이외다
가슴 있고
눈 가진 사람이라면 말이요

✽✽✽ 높은 산지에 여러해살이풀. 관상용으로 기르기도 한다. 50~100cm 가량 곧게 자라는 줄기에 잎자루 없는 긴 달걀형 잎이 마주나고 잎의 끝은 뾰족하며 전체에 긴 흰색 털이 있다. 여름에 줄기 끝과 윗부분 잎겨드랑이에 주황색 꽃이 몇 개씩 모여 핀다. 5장 꽃잎은 끝 부분이 2갈래로 깊게 갈라진다.

털머위꽃

수더분한 머위꽃의
과감한 변신

낮밤도 없이 출렁이는
파도 소리에 묻혀
조용히 사는 것 같아도
그 뿌리는
꿈 많고 화려한 국화꽃 일가

을씨년스런 초봄에
오스스 떨며 지내느니
눈부시게 화사한 가을 햇살과
보란 듯이 어울려
온갖 재간 피우다 보면
높은 하늘도 홀딱 반할 수밖에

✽✽✽ 남부 지방 바닷가에 여러해살이풀. 뿌리에서 모여 나는 잎은 머위 잎처럼 둥글넓적하게 두껍고 잎자루가 길며 윤기가 나고 가장자리는 밋밋하거나 치아 모양의 톱니가 있는 것도 있으며 뒷면엔 회백색 털이 있다. 가을에 30~70cm 가량 자란 꽃줄기 끝에 노란색 꽃이 위를 보고 핀다. 어린 잎자루는 나물로 먹는다.

털이슬꽃

몸으로는 느낄 수도 없는
고요로운 실바람에도
정신없이 휘둘리다
보일 듯 말 듯한
하얀 잔털에
은빛 이슬 맺히면

비로소 이슬도 꽃인 듯
꽃 또한 이슬인 듯 깜박깜박

숲 그늘에 살면서도
언제나 잔잔한 미소
어둔 마음 밝혀 주는 고운 빛
속절없이 설레고 설레는
그러기에 가슴 짠한 연민의 정 같은

✽✽✽ 산지 숲속 응달에 여러해살이풀. 뿌리줄기는 옆으로 벋으며, 20~60cm 가량 자라는 줄기엔 굽은 털이 있다. 줄기에 마주나는 피침형 잎은 넓고 끝이 뾰족하며 가장자리엔 얕은 톱니가 있고 잎자루엔 잔털이 있다. 여름에 줄기 끝이나 잎겨드랑이에서 나온 긴 꽃대에 자잘한 흰색 꽃이 아래서부터 핀다.

피어날 때 모습

털제비꽃

피어나면서부터 벌써
남다른 색감과
세련된 선을 살려내어
멋 부린 티
눈에 띄는데도

빛나는 햇살 앞에서
수줍은 체하는 모습
아마도 철이 일찍 난
조숙녀의 말없는 몸짓

아, 그녀의 눈가에서
바람에 인다
자줏빛 봄바람이

✽✽✽ 산기슭 언덕에 여러해살이풀. 무더기로 모여 나는 달걀 모양의 잎에는 퍼진 털이 있고 잎몸은 약간 자줏빛을 띠며 잎 밑은 얕은 심장저이고 가장자리에 둔한 톱니가 있다. 봄에 잎보다 길게 자란 꽃줄기 끝에 홍자색 꽃이 1개씩 옆을 보고 핀다.

고산털중나리꽃(유럽)

중나리꽃

털중나리꽃

온통 초록 휘장을 두르고 있는
호젓한 풀밭에
보는 이의 가슴 가슴을
송두리째 흔들어 놓는
짜릿한 매혹의 눈길
타오르는 정열

그 열기 껴안고
한껏 피어나면
작열하는 태양열 핑계 삼아
마음 한켠에 남아 있던
한 가닥 부끄러움마저
훌훌 벗어던지고
오롯한 마음 모아
불타는 혼불을 지핀다

❋❋❋ 산지에 여러해살이풀. 50~100cm 가량 곧게 자라는 줄기에 어긋나는 피침형 잎은 전체에 잔털이 빽빽하게 나 있다. 여름에 줄기 윗부분에서 갈라진 가지 끝에 탐스러운 황적색 꽃이 아랠 보고 핀다. 끝이 뒤로 말리는 꽃잎 안쪽엔 짙은 자주색 반점이 있고 암술과 수술은 길게 꽃 밖으로 벋으며 꽃밥은 황적색이다.

분홍토끼풀꽃

토끼풀꽃

숨이 턱에 차도록
헐떡이며 뛰어놀다가도

네가 있는 풀밭에 서면
눈부신 보석 알알이 박힌
설렘표 손목시계였고
세상에서 가장 값진
목걸이도 되고
왕관도 되었던
순수 그 자체로 빚은 꿈의 노리개

지금도 너를 보면
하얀 꿈이 녹아 흐르는
행운의 파편들 반짝인다

✿✿✿ 산과 들에 여러해살이풀. 원산지는 유럽. 아일랜드 국화. 목초로 쓰기 위한 것이 널리 퍼졌다. 마디가 있는 줄기가 땅을 기면서 가지를 치고 마디에서 뿌리 내리며 무리를 지어 산다. 줄기에 어긋나는 잎은 3출엽으로 잎자루가 길다. 작은 잎은 거꾸로 된 달걀형으로 가장자리에 잔톱니가 있다. 여름에 잎겨드랑이에서 나온 긴 꽃대 끝에 나비 모양의 자잘한 흰색 꽃이 공처럼 둥글게 모여 핀다. 토끼가 잘 먹는다.

자주토란꽃

토란꽃

부지런한 주인을 둔
기름진 밭에서
경쟁할 자 없게 자란 키
아기 우산만 한 잎사귀
뚱딴지처럼 불쑥 솟아오른
커다란 꽃이삭!

처음 대하기엔
좀 우악스러운 듯 싶기도 했으나
한 장 포 살며시 열고
은근히 드러내는
싱싱한 꽃자루의 당당한 모습은
진정 예사 멋이 아니었다

뭔가 비밀스런 사연
가득 차 있을 것만 같은…

✽✽✽ 밭에 기르는 여러해살이풀. 원산지는 열대 아시아. 둥근 덩이줄기는 1~2m 가량 자라며 잎자루가 길다. 넓고 두꺼운 잎은 가장자리가 밋밋한 방패 모양이다. 여름에 잎자루 사이에서 올라온 꽃줄기 끝에 막대 모양의 노랗고 긴 꽃이삭이 달린다. 덩이줄기와 잎자루는 먹는다.

토레니아꽃

이리 보고 저리 보고
아무리 살펴봐도
시원하게 풀리지 않는 숙제처럼
의문만 쌓여 가는
너의 생김생김이란 걸
넌 알고나 있을까

단아한 듯
아기자기한 멋이 흐르고
아담한 듯 요요한 가운데
정갈함까지 배어 나오는
매력의 요람을 보는 것 같아
눈길을 거두지 못하겠구려

❋❋❋ 관상용으로 기르는 한해살이풀. 원산지는 인도차이나. 30~40cm 가량 자라는 줄기에 마주나는 잎은 달걀 모양이며 가장자리에 톱니가 있다. 가을에 줄기와 가지 끝에 진남색·분홍색 등의 꽃이 피는데, 꽃잎 가장자리의 젖혀진 부분엔 진한 색이 돌며 아래쪽 꽃잎에는 노란색 무늬가 있다. 다양한 품종이 있다.

토마토꽃

어제 배운
서툰 노래를 옹알거리며
한껏 재롱을 부리는
노랑이 아기별인가

눈부신 햇살만큼이나
빛나는 재치
알아줄 사람 없다 해도
섭섭해하지 않는다

꽃 진 자리마다
빨간 토마토
주렁주렁 익어 갈
그날이 있기에

✳✳✳ 밭에 기르는 한해살이풀. 원산지는 남아메리카. 1m 가량 자라는 줄기는 가지가 많이 갈라지고 흰색 털이 있으며 독특한 냄새가 있다. 줄기에 어긋나는 깃꼴겹잎은 가장자리에 둔한 톱니가 있다. 여름에 마디에서 나온 꽃대 끝에 노란색 통꽃이 피는데, 꽃잎은 불규칙하게 갈라지고 끝이 뾰족하며 뒤로 젖혀진다. 붉게 익는 둥근 열매는 먹으며 주스·잼 등을 만들기고 한다.

붉은톱풀꽃　　　　미니톱풀꽃　　　　서양톱풀꽃

톱풀꽃

말쑥한 차림에
당당한 체구
하얀 꽃 모아 구름처럼 눌러 쓰고
나타난 풀밭의 신사

강렬한 햇빛 쏟아지는
긴긴 날에도
누굴 기다리는 폼이
분명한 것 같은데

무심한 바람에 실려오는
산새 소리만
산자락을 에돌다 사라지는구나

✸✸✸ 산과 들에 여러해살이풀. 땅속뿌리는 옆으로 벋으며 50~120cm 가량 곧은 줄기 윗부분엔 털이 많다. 넓은 피침형 잎은 줄기에 어긋나고 밑 부분은 줄기를 반쯤 둘러싸며 가장자리는 톱니처럼 갈라져 있다. 여름·가을에 줄기와 가지 끝에 작은 흰색 꽃이 촘촘하게 모여 핀다. 총포는 동그란 종 모양이며 털이 약간 있고 포조각이 2줄로 배열되고 혀꽃은 5~7개다. 어린순은 나물로 먹고 꽃핀 줄기는 약재로 쓴다.

통발꽃

아무런 일도 없을 것 같은
고요한 수면에
소리 없이 일렁이는 작은 파문

넓디넓은 하늘을 향한
숭고한 생명의
금빛 날개
의젓한 탄생의 찬란함

질식할 것만 같은 폭염을
온몸으로 사귀며
혼신을 다한 보람

햇빛에 반짝이는 잔물결은
아름다움 녹아 흐르는
환희의 눈물 자국

✳✳✳ 논이나 연못 속에 여러해살이풀. 뿌리 없이 물 위에서 자라는 줄기에 어긋나는 잎은 새깃처럼 여러 차례 갈라지며 갈래조각은 실처럼 가늘다. 갈래조각의 일부는 작고 동그란 벌레잡이주머니로 변한다. 여름에 잎겨드랑이에서 자란 꽃줄기가 물 밖으로 내민 끝에 2~7개의 노란 작은 꽃이 옆을 보고 핀다. 꽃잎 가운데는 갈색 무늬가 있다.

← 흰투구꽃 →

투구꽃

이리 봐도 저리 봐도
푸른 산으로 막혀 있는
골 깊은 골짜기에 갇혀
꼼짝 못하고 고여 있던
훗훗한 늦더위도
식어지는 밤바람에
조금씩 꼬리 흔들기 시작하면

새벽 이슬 데리고
소리 없이 내려오는
천상의 귀인

밤새 날개 접어 만든 고깔 속에
현란한 유혹
촉촉히 번지는 보랏빛 신열

✼✼✼ 산지 골짜기에 여러해살이풀. 1m 가량 자라는 줄기는 비스듬히 서며, 줄기에 어긋나는 잎은 손바닥처럼 3~5개로 깊게 갈라지고 갈래조각은 다시 갈라지기도 한다. 갈래조각 가장자리엔 톱니가 있다. 늦여름에 줄기나 가지 끝에 고깔 모양의 투구를 쓴 것 같은 보라색 꽃이 몇 개씩 모여 탐스럽게 핀다.

튤립꽃

새침한 봄바람 들쳐업고
따스하게 내리쬐는 햇살
도저히 피할 수 없어
짐짓 주춤거리는 듯
기어이 참지 못한
사랑의 고백
드디어 터졌다

앞뒤 볼 것 없이
오로지 붉은 불꽃 하나로
정신없이 타오르는데

넓디넓은 푸른 하늘에
홀로 뜬
한 조각 구름은
어이 그리 담담한가!

❋❋❋ 꽃밭이나 원예 농가에서 기르는 여러해살이풀. 원산지는 남부 유럽과 소아시아. 30cm 가량 자라는 줄기에 어긋나는 잎의 앞면은 흰빛이 도는 녹색이며 뒷면은 짙은 녹색이다. 2~3개의 타원형 잎은 줄기를 감싸며 안쪽으로 약간 말린다. 봄에 노란색·흰색·붉은색 등의 넓은 종 모양의 꽃이 꽃대 끝에 1개씩 위를 보고 핀다.

산파꽃

파꽃

아무런 설움 모르고 자란
복스럽고 긴 초록 손가락 끝에
하얀 풍선을 매달고
하늘로 날아가고 싶은 젊은 날의
파란 마음

너른 잔디밭에 오도카니 앉아서
멋진 골퍼의 그림 같은 샷을 기다리고 있는
야무진 골프 공의
하얀 마음

한 겹 꽃덮이 벗겨지고 나면
어디로 튈런지 알 수 없는 나

❋❋❋ 밭에 기르는 여러해살이풀. 원산지는 중국. 비늘줄기 밑에서 많은 수염뿌리가 나와 퍼진다. 비늘줄기에 어긋나는 5~6장의 원통 모양의 잎은 50~70cm 가량 자란다. 끝이 뾰족하고 속은 비어 있으며 자르면 끈적끈적한 진액이 나오고 매운맛이 난다. 여름에 긴 꽃줄기 끝에 자잘한 흰색 꽃이 촘촘하게 둥글게 모여 핀다. 잎은 양념으로 먹으며 비늘줄기와 수염뿌리는 약재로 쓴다.

파대가리꽃

아주 어쩌다
지나가는 바람결이나
한 번쯤 바라볼지 모르는
여느 풀밭에
반짝 눈에 띄는 녀석

다 같은 풀빛 속에
단아하면서도
깜찍발랄한
무희의 춤을 보는 듯

절제된 세련미와
풋풋한 정갈스러움에
쉬이 눈을 뗄 수 없어
가던 길도 잠시 잊었노라

✽✽✽ 들이나 산기슭 양지 바른 습지에 여러해살이풀. 뿌리는 길게 옆으로 벋으며 여러 대가 모여 나는 줄기는 10~30cm 가량 곧게 자라며 좁은 칼 모양의 잎은 연하며 끝이 뾰족하다. 여름·가을에 줄기 끝에 작은 공 모양의 연둣빛 꽃이삭이 1개씩 달린다.

파드득나물꽃

비록 외진 곳에 살아도
오가는 발길 뜸하다고
꽃조차 아니 필 수 없고

꽃 작아
본 체도 아니하고
바람처럼 지나가 버린다고
마음 섭섭할 것도 없지만

밤새껏 지새우며
이슬 고아 만든
내 푸른 향기
마시며 가소서

✻✻✻ 산지 숲속에 여러해살이풀. 30~60cm 가량 자라는 줄기엔 향기가 있다. 줄기에 어긋나는 잎은 3출엽으로 긴 잎자루 밑 부분은 줄기를 감싼다. 작은 잎은 달걀형으로 양 끝이 좁고 뒷면엔 윤기가 있으며 가장자리엔 예리한 톱니가 있다. 여름에 줄기 윗부분에서 갈라진 길이가 일정치 않는 가지 끝에 자잘한 흰색 꽃이 핀다. 어린순은 나물로 먹는다.

파리풀꽃

자고 새면
푸르름 더하며
무성하게 우거지던 숲이
염치없이 구는
무더위의 덫에 걸려
힘겹게 헐떡거릴 때

작은 나뭇잎 겨우 흔드는
실바람 만나기만 해도
마냥 즐거운 듯
하늘거리는 줄기마다
고운 입술 샐쭉거리며
살며시 다가오는
발그레한 유혹

✽✽✽ 그늘진 산과 들에 여러해살이풀. 30~70cm 가량 자라는 줄기에 마주나는 달걀형 잎은 잎자루가 길고 가장자리에 톱니가 있다. 여름에 줄기와 가지 윗부분에 연자주색 입술 모양의 작은 꽃이 아래서부터 올라가면서 옆을 보고 핀다. 아래로 숙이고 있는 열매의 끝은 갈고리 모양으로 옷에 잘 붙는다. 뿌리의 즙액을 파리 잡는 데 쓰기도 한다.

멕시코세이지꽃

파인애플세이지꽃

진정 새침하게 보이려거든
달콤한 향기나 풍기지 말던가
달콤한 향기 풍기려거든
새침하게 보이질 말던가

때론 열정적일 것 같으면서도
도도하기까지 하니
네 속뜻 알 수 없어

다가설까 말까
말을 걸어 볼까 말까
오락가락하는 내 마음
아실라나 몰라

✻✻✻ 관상용으로 기르는 여러해살이풀. 원산지는 멕시코.. 잎에서 달콤한 파인애플 향기가 나며 추위에 약하다. 가을에 60~80cm 가량 자라는 줄기 윗부분에 진홍색 꽃이 아래서부터 핀다.

파피루스꽃

들은 귀 있어
이름만은 겨우 낯설지 않은 존재
그런 너와 마주보고 있으니

'지구촌'이란 말
가히 실감이 난다

어디서 무얼 하다
어떻게 왔건

지금 여기에
나와 함께 있어
기쁘고 반가운 것을
기쁘고 반가운 것을

✽✽✽ 관상용으로 물기 있는 온실에 기르는 여러해살이풀. 원산지는 아프리카. 1~2m 가량 곧게 자라는 굵은 줄기 끝에 가늘고 긴 선 모양의 잎이 둥글게 모여난다. 여름에 잎 사이에서 올라온 꽃줄기 끝에 연녹색 자잘한 꽃이 솔 모양을 이루며 핀다. 연한 줄기와 뿌리는 먹을 수 있다. 옛 이집트에서는 종이를 만드는 원료로 쓰기도 했다.

파피오페딜럼꽃

도대체 어디서 온
담 큰 여장부일까

하늘 땅이 모두 제 것인 양
당당하고 대담한
저 거동 좀 보소

바라보기도 눈부신
기묘한 날개옷으로
내 마음 흔들어 놓고
전신이 오싹해지도록
신비스러운 주머니 속에선
금방이라도 별별 사연
쏟아져 나올 것 같은데…

✾✾✾ 관상용으로 기르는 서양란의 일종. 원산지에서는 습도가 높은 곳에 자생한다. 열대 아시아 지역에 널리 분포하고 있음. 다른 양란에 비해 모양과 색깔이 독특하며 지역에 따라 다양한 품종이 있다. 특히 무늬 잎의 품종은 귀하게 다루어지고 있다.

팔레놉시스꽃

나비가 취했다
향기에 취해 비틀거린다

취한 나비와 나비가
하나처럼 너울춤을 춘다
춤을 추다 추다
그냥 어우러져
아무 말도 못하고 꿈속에 잠긴다

눈 뜨고도
꿈속을 훨훨 날아다니는
사랑의 신화

오, 눈부신 날개여!

❋❋❋ 관상용으로 온실에 기르는 서양란의 일종. 인도·대만·열대 아시아·호주 등지에 분포하며 원산지에서는 해안에 가까운 나무에 붙어 산다. 꽃의 모습이 나비와 비슷하여 '호접란'이라고도 한다. 지역과 계절에 따라 다양한 색깔의 품종이 있다.

팥꽃

아침 햇살 만나
이제 막 눈을 뜬 듯
초롱초롱한 눈망울로
고만고만하게 나붓거리는
작은 노랑나비들
어디서 왔을까

지루하고도 긴긴 날의
찌는 듯한 더위쯤은
아무렇지도 아니한 듯

서로서로 펼쳐든 날개 흔들며
정답게 소곤대는 소리
아름아름 즐겁고 즐겁구나

✳✳✳ 밭에 기르는 한해살이풀. 원산지는 중국. 30~50cm 가량 자라는 줄기에 어긋나는 잎은 3출엽으로 잎자루가 길고 줄기엔 긴 털이 있다. 여름에 잎겨드랑이에서 나온 꽃대 끝에 나비 모양의 노란색 갈래꽃이 2~12개씩 모여 피는데 꽃잎 끝은 약간 구부러진다. 가늘고 긴 연노란색 꼬투리 속에 타원형 붉은 씨가 익는다. 씨로는 팥죽을 끓이거나 밥·떡에도 넣어 먹는다.

흰패랭이꽃   사계패랭이꽃

섬흰패랭이꽃   유럽패랭이꽃   니발리스패랭이꽃

패랭이꽃

널 마주하기만 하면
어김없이 떠오르는 고향 생각

처마 끝에 참새 집이 있는
정든 초가집
반들반들하게 윤기 나는
하얀 댓돌 아래서
사금파리 그릇으로 밥상 차리던
코흘리개 친구들의
재잘거리는 소리도 들리는 듯

밭일 가시던 할머니가
꽃 이름을 알려 주실 때부터
이미 준비된 빨간 타임캡슐

❋❋❋ 건조한 풀밭이나 냇가 모래땅에 여러해살이풀. '석죽화'라고도 하며 관상용으로 많은 품종이 개발되었다. 뿌리에서 여러 대가 모여 나는 줄기는 30~50cm 가량 자라며 위쪽에서 가지가 갈라진다. 줄기에 마주나는 칼 모양의 잎은 끝이 뾰족하고 밑 부분이 합쳐져서 줄기를 감싼다. 여름에 가지 끝마다 붉은색 꽃이 피는데, 5장 꽃잎은 끝이 얕게 갈라지고 가운데는 짙은 무늬가 있다.

팬지꽃

살살 살랑이는
고운 봄바람 타고 온
색색 꽃나비
꽃밭에 날아드니

나비 떼 춤추는 사이사이로
꽃벼룩도 한철인
아름다운 꽃동산

따사로운 햇살에 졸음 밀려오듯
꿈결 같은 꽃멀미 아롱아롱
아지랑이 세상
햇살꽃까지 만발한
꽃바람 세상

❃❃❃ 관상용으로 꽃밭에 기르는 한두해살이풀. 원산지는 유럽. 10~25cm 가량 자라는 줄기는 곧게 서며 가지가 많이 갈라진다. 줄기에 어긋나는 잎은 잎자루가 길며 긴 타원형으로 가장자리에 5~6개의 얕은 톱니가 있다. 봄에 잎겨드랑이에서 나온 긴 꽃대 끝에 흰색·보라색·노란색 등의 갈래꽃이 피는데, 꽃잎은 5장이다.

페튜니아꽃

봄 햇살 기다렸다는 듯이
화사하게 피어나
낮밤으로 지고 피길 멈추지 않더니
한여름 무더위도
끄떡없이 견디어내고
된서리 하얗게 내려앉도록
한날같이 환한 얼굴

비록, 처음에 핀 그 꽃은
아니라 해도
다시 다시 피어나는
너의 그 은근과 끈기가
갸륵하고 갸륵하구나

✽✽✽ 관상용으로 기르는 한해살이풀. 원산지 남미에서는 여러해살이풀. 15~30cm 가량 자라는 줄기와 잎을 만져 보면 끈적끈적하다. 잎은 줄기에 마주나며 타원형이다. 봄~가을에 걸쳐 갈때기 모양의 홍자색 꽃이 피며 색깔과 크기에 있어 다양한 품종이 있다.

푸옵시스꽃

이름을 알기도 전에
첫눈에 반해서
서슴없이 다가갔다

마치 오래 된
친구라도 만난 듯
더없이 반가운 낯빛으로

한숨 돌리고 보니
내 눈과 마음을
그토록 혹하게 한 것은
꽃과 잎의
기막힌 어울림 때문인 것 같았다

꼭두서니 가문에
이만한 걸작이 또 있을까!

✽✽✽ 관상용으로 기르는 덩굴성 여러해살이풀. 원산지는 코카서스·이란. 70~100cm 가량 자라는 줄기는 밑에서부터 가지가 많이 갈라지며 줄기에 촘촘하게 돌려나는 긴 타원형 잎은 끝이 뾰족하다. 여름에 줄기 끝에 자잘한 분홍색 꽃이 둥글게 모여 송아리를 이루며 핀다.

고산금낭화꽃(유럽)

엑시미아금낭화꽃

풀모시금낭화꽃

눈이 번쩍 뜨이게 화려하거나
한눈에 온 마음 사로잡아채는
그런 매력은 아닐지라도

끼리끼리 오순도순
소곤대는 정다운 소리
들릴 듯 들릴 듯

연분홍 사랑 빛으로
서로의 체온에 빠져
행복 말고는
다른 건
아무것도 모르는 눈치

✾✾✾ 높은 산지 돌밭이나 계곡에 여러해살이풀. 관상용으로 기르기도 한다. 대체로 금낭화꽃과 비슷하지만, 금낭화꽃은 옆으로 늘어진 꽃줄기에 일정한 간격을 두고 1개씩 조롱조롱 아랠 보고 매달리지만, 풀모시금낭화꽃은 꽃줄기 끝에 어긋나는 작은 꽃자루 끝에 금낭화꽃보다 작고 길쭉한 연분홍색 꽃이 몇 개씩 아랠 보고 핀다.

열매

풀솜나물꽃

꽃이 피어 있는 줄도 모르고
밟고 지나가는 사람이
야속할 때도 있지만

원망만 하고 주저앉아 있기엔
너무나 빠듯한 삶이기에
꺾인 허리 곧추세우며
아픈 상처를 달래지요

그러다가도
햇살 한 무리 찾아오면
그런 아픔 따윈
감쪽같이 사라지고
다시 피우는 한 송이 꽃

✸✸✸ 양지 바른 풀밭에 여러해살이풀. 10~20cm 가량 자라는 줄기는 여러 대가 모여 나며 흰 털로 덮혀 있고, 주걱 모양의 뿌리잎은 여러 개가 모여 나며 뒷면엔 흰 털이 빽빽하다. 선형 잎은 줄기에 어긋난다. 여름에 줄기 끝에 여러 개의 자잘한 갈색 꽃이삭이 모여 달린다. 꽃이삭 밑에는 3~5개의 잎이 꽃받침처럼 사방으로 펼쳐진다. 어린순은 나물로 먹는다.

꽃망울

열매

풀솜대꽃

마냥 우거진 진초록 그늘
어두침침한 숲속을
환하게 밝혀 주는
희망의 등불처럼
점점이 피어나면

그늘져 눅눅하던 가슴까지
보송보송해지며
발걸음도 가볍게
하얀 웃음 웃는다

문득 올려다본 하늘엔
꽃을 부풀려 놓은 듯한 뭉게구름
뭉실뭉실 흘러가며
긴 여행 함께 가잔다

❋❋❋ 산지 숲속에 여러해살이풀. '지장보살' 이라고도 한다. 옆으로 벋는 뿌리 줄기 끝에서 줄기가 나와 20~50cm 가량 비스듬히 휘면서 자란다. 5~7개의 긴 타원형 잎은 줄기 양쪽으로 어긋나며, 줄기와 잎 양면엔 잔털이 많다. 초여름에 줄기 끝에서 갈라진 가지마다 자잘한 흰색 꽃이 촘촘하게 모여 피면 원뿔 모양의 탐스러운 꽃송이로 보인다.

풀협죽도꽃

잠시만 걸어도
정수리가 타들어 갈 것만 같은
불 같은 태양 아래서도
풀죽는 일 없이 꼿꼿하게 서서
푸른 하늘이라도 마셔 버린 듯
풋풋한 모습으로
붉게 붉게 피어나는
아기 웃음 같은 꽃

저만치 두고
바라보기만 해도
귀에 쟁쟁한 것 같은
해맑은 웃음소리에
타는 듯한 여름 해도
슬그머니 고갤 숙이는가

✾✾✾ 꽃밭에 기르는 여러해살이풀. 원산지는 북아메리카. 1m 가량 곧게 자라는 줄기는 윗부분에서 가지가 많이 갈라진다. 끝이 뾰족한 긴 타원형 잎은 잔털이 있고 층을 이루며 줄기에 3장씩 돌려 난다. 잎자루는 아주 짧으며, 여름에 줄기와 가지 끝에 많은 붉은색·흰색 꽃이 탐스럽게 모여 핀다. '플록스'라 한다.

풍란꽃

불볕 더위 잔뜩 머금은
비릿한 바닷바람에
감았던 눈을 뜨면

가물가물한 그리움의 꼬리
살살 흔들어 보이며
저만치 멀어져 가는 푸른 파도
잡을 수 없어

문득, 고갤 들어
하늘 바라보니
검은 바닷새 한 마리
맴을 돌며
태양을 희롱하는가

✽✽✽ 남부 지방 섬 바위 틈이나 나무 줄기에 늘푸른여러해살이풀. 밑 부분에서 끈 같은 뿌리가 돋고 넓은 선형 잎은 2줄로 마주 안으며 윗부분은 뒤로 젖혀진다. 여름에 밑 부분 잎겨드랑이에서 나온 3~10cm 가량의 꽃줄기에 3~5개씩의 흰색 꽃이 술 모양으로 핀다. 선형 꿀주머니는 밑으로 굽는다.

풍선덩굴꽃

고요로운 실바람에도
덩굴째 한들거리는
하양과 작음의
숨겨진 아름다움

꽃으로 있을 땐
눈길조차 주지 않고
무심하게 지나쳐버리더니

연둣빛 둥근 풍선
흔들흔들 내걸고 나니
그제야 이미 지고 없는 꽃을 부르며
아쉬운 듯 머뭇거리는구려

✳✳✳ 들이나 산기슭에 한해살이풀. 원산지 열대 아메리카에서는 여러해살이풀. 2~3m 가량 자라는 줄기는 덩굴손이 있어 다른 물체를 감고 오른다. 줄기에 어긋나는 잎은 2회3출겹잎 또는 2회깃꼴겹잎으로 잎자루는 길다. 작은 잎은 달걀 모양의 피침형으로 끝이 뾰족하며 가장자리에 뾰족한 톱니가 있다. 여름에 잎겨드랑이에서 나온 긴 꽃자루 끝에 4장 꽃잎의 흰색 작은 꽃이 핀다. 연둣빛 열매는 둥근 풍선 보양이다.

프리뮬러꽃

때 없이 심통 부리는
꽃샘바람도 아랑곳하지 않고
고만고만한 난쟁이끼리
오순도순 모여 앉아
잎과 꽃 산뜻하게 피었으니

어느 누구보다 빛나는
꽃밭의 진객

아직은 간간이 찬바람 부는
쌀쌀한 햇살 먹고도
환한 얼굴마다
색색깔로 웃음 짓는
즐거운 동산
아름다운 봄날의 복된 선물

✽✽✽ 관상용으로 꽃밭에 기르는 여러해살이풀. 원산지는 코카서스. 5~15cm 가량 자라는 잎은 뿌리에서 모여 나며 긴 달걀형으로 가운데 잎맥이 뚜렷하고 잎몸은 잔주름이 지며 가장자리는 약간 뒤로 말리는 듯하다. 봄에 잎줄기 사이에서 올라온 꽃줄기 끝에 흰색·분홍색·붉은색·주황색 등의 꽃이 몇 개씩 모여 핀다. 다양한 품종이 있다.

프리지어꽃

바람처럼 지나가는
치맛자락 스치는 소리에도
아지랑이에 얼굴 비비며
살몃살몃 피어나는
송이송이 노란 봄바람

어디선가
아련하게 들려올 것만 같은
정다운 노랫소리 흥얼흥얼

어느새 봄은
무릎 위에 내려앉아서
살포시 졸고 있네요

✽✽✽ 관상용으로 온실이나 화분에 기르는 여러해살이풀. 원산지는 남아프리카. 뿌리에서 모여 나는 줄기는 30~50cm 가량 자라며 칼 모양의 좁고 긴 잎은 줄기 밑 부분에서 겹쳐 모여 나며 꼿꼿하게 자라고 밑 부분은 줄기를 감싼다. 봄에 줄기 끝에서 이어지는 꽃줄기에 깔때기 모양의 노란색·붉은색·분홍색 꽃이 탐스럽게 핀다.

피나물꽃

가슴 따스해지는 햇살
송두리째 모아들고
한들한들 춤추며 놀다가
줄기 하나 자르면
붉은 피 뚝뚝 흘려도

하늘 향한 푸른 잎
여유롭게 하늘거리고
눈부시게 반짝이는
샛노란 꽃잎
무더기 무더기 피어나면
산골짜기를 맴돌고 있던
고요한 봄바람을
한꺼번에 미치게 하는
묘한 재주꾼

✽✽✽ 산지 숲속에 여러해살이풀. 뿌리줄기에서 잎과 꽃줄기가 모여 나며 30cm 가량 자란다. 줄기를 자르면 붉은 즙액이 나오므로 '피나물' 이라 한다. 잎자루가 긴 뿌리잎은 5장의 작은 잎으로 된 깃꼴겹잎이며 긴 타원형 작은 잎은 끝이 뾰족하고 가장자리에 톱니가 있다. 봄에 윗부분 잎겨드랑이 꽃대 끝에 1~3개의 노란색 꽃이 핀다. 꽃잎은 4장이며 광택이 있다. 어린순은 나물로 먹는다.

피뿌리풀꽃

세상에 태어나
누구나 겪는 한평생

기쁨의 순간도 까맣게 잊게 하는
무슨 피맺힌 한
그리도 씻을 수 없어
눈물 같은 핏빛 꽃
봉싯봉싯 피우고도 모자라
땅속 깊이 간직한
뿌리까지 핏빛이라더냐

얼핏 웃는 듯
통곡 통곡을 하는 속뜻
너 말고 누가 또 알까

❋❋❋ 한라산, 황해도 이북 등 풀밭에 여러해살이풀. 굵은 뿌리에서 모여 나는 곧은 줄기는 30~40cm 가량 자란다. 줄기에 촘촘하게 어긋나는 피침형 잎은 끝이 둔하고 가장자리는 밋밋하며 뒷면은 회청색이 돌고 잎자루는 거의 없다. 초여름에 줄기 끝에 15~22개의 자잘한 붉은색 꽃이 모여 핀다. 더덕처럼 굵은 뿌리가 핏빛 같다 하여 '피뿌리풀'이라 하며 독성이 있다.

핑퐁국화꽃

천의 얼굴을 가진
국화꽃이
스포츠 물결에 휩싸였다

빠닥빠닥한 셀룰로이드로 만든
작은 공이 아닌
커다란 꽃으로 탁구를 치면

부딪히는 탁구대도 꽃이 되고
받아 치는 라켓도 꽃이 되어

지는 자 이기는 자 모두
가슴에 남는 건
꽃멍으로 물든
하얀 메달이겠구나

✳✳✳ 꽃밭이나 화분에 기르는 여러해살이풀. 국화의 일종으로 꽃 모양이 핑퐁처럼 둥근 것이 특징이다.

하늘지기꽃

바람 소리만 오가는
외진 풀밭을
하늘처럼 사랑하며

저마다 반짝이는
작은 별자리 이루어
감았던 눈 다시 뜨고
닫혔던 가슴 열어젖히니
끝도 없이 펼쳐지는
꿈꾸는 동산

흘러가는 흰 구름도
함께 하고파
나붓나붓 다가옵니다

❋❋❋ 습기 있는 풀밭에 한해살이풀. 20~50cm 가량 자라는 줄기는 곧게 서며 털이 있고, 좁은 칼 모양의 잎은 끝이 뾰족하며 털이 있다. 늦여름·가을에 줄기 윗부분에서 우산살 모양으로 갈라지는 가지 끝에 달걀 모양의 작은 갈색 꽃이삭이 달린다.

하수오꽃

혼자는 너무 작아
옆에 있는 줄도 모르고
그냥 지나치기 일쑤지만
혼자 피지 아니하고
덩굴끼리 어우러져 피면
온통 우리들 세상

뿌리가 아무리 좋다지만
우리도 좀 보아 주시지요

뿌리는 내년에도
같은 뿌리일 수 있으나
내년에 피는 꽃은
지금 우리는 아니거든요

❋❋❋ 약용식물로 기르는 덩굴성 여러해살이풀. 원산지는 중국. 뿌리줄기가 땅속으로 벋으며 고구마 같은 덩이뿌리가 생긴다. 줄기에 어긋나는 잎은 달걀 모양의 심장형으로 끝이 뾰족하다. 초가을에 줄기와 가지 끝에 자잘한 흰색 꽃이 원뿔 모양을 이루며 핀다.

한계령풀꽃

네 이름만 들어도
공연히 설레며
휘파람을 불고 싶어진다

왠지
산바람 물바람 어우러져
메마른 구름 적셔줄 때마다
한 송이씩 피어날 것만 같은
너의 출생을 그려 보기도 하고

새벽이슬 마르고 나면
파란 하늘 향해
고향 노래라도 한 곡
조용히 불러 보렴

✽✽✽ 중부 이북 깊은 산지에 여러해살이풀. 30~50cm 가량 곧게 자라는 줄기에 달리는 잎은 2회3출엽으로 작은 잎은 타원형이며 끝이 둥글다. 잎처럼 보이는 턱잎은 줄기를 감싼다. 봄에 줄기 끝에 노란색 꽃이 술 모양의 꽃차례로 핀다.

꽃과 열매

한련초꽃

눈에 띄게 탐스럽거나
야단스럽진 않아도
먼지 한 톨 붙을 수 없을만치
깔끔한 맵시

내 마음 홀리도록
당차게 차리고 나온
매력 덩어리

꽃 진 자리마다
알알이 들어찬 초록 열매는
바람만 살짝 불어도
톡톡 튀어나올 것만 같은
눈부시게 빛나는 보석

❋❋❋ 길가나 논둑에 한해살이풀. 20~60cm 가량 자라는 줄기는 가지가 많이 갈라지고 깔깔한 털이 있다. 줄기에 어긋나는 피침형 잎은 잎자루가 거의 없으며 끝이 뾰족하고 가장자리엔 잔톱니가 있으며 양면에 털이 있다. 늦여름에 줄기나 가지 끝에 흰색 혀꽃이 핀다. 꽃잎 끝은 대개 2개로 갈라지며 전초를 약재로 쓴다. 초록색 열매는 검게 익는다.

한련화꽃

금방이라도 하늘을 날 듯
날렵한 꽃잎 하늘하늘
화려한 외출

세상사 걱정 없다는 듯
여유롭게 흔들흔들
즐겁기만 한 둥근 잎

꽃도 꽃이요
잎마저 꽃과 같으니
보이는 것마다 꽃 아닌 게 없어
가슴 가슴에 피어나는
신비로운 꽃이로구나

❋❋❋ 관상용으로 기르는 덩굴성 한해살이풀. 원산지는 멕시코·남아메리카. 추위에 약하며 원산지에서는 여러해살이풀. 1~1.5m 가량 자라는 줄기에 둥근 방패 모양의 잎이 어긋나며, 잎에는 9개의 잎맥이 사방으로 퍼져 있고 잎자루는 길다. 여름에 잎겨드랑이에서 나온 긴 꽃대 끝에 붉은색·노란색·주황색 깔때기 모양의 꽃이 1개씩 핀다. 꽃잎은 5장이며 원래 이름은 '나스타리움'이나 잎의 모양이 연잎과 비슷하여 '한련'이라 한다.

흰해국꽃

일본해변국화꽃

해국꽃

파란 하늘이 지루하도록
고요하고 막막하던
외론 섬 바위산에
선들바람 불어오면

눈부신 햇살에 춤추는 바다가
미치도록 좋아
어느새 터져 버리고 마는
보랏빛 가슴

바위 위에 내려앉은
한 무리 바닷새
조잘조잘 수런거리며
고개 갸웃갸웃거리다
높이 높이 날아오르면
꽃바람 이는 날갯짓으로
춤추는 향기의 섬

✳✳✳ 바닷가 양지쪽에 여러해살이풀. 뿌리줄기가 옆으로 벋으며 가지가 많이 갈라지는 단단한 줄기에 촘촘하게 어긋나는 주걱 모양의 잎은 잔털로 덮여 있다. 늦여름·가을에 줄기 끝마다 국화 모양의 연자주색 꽃이 위를 보고 핀다.

좁은잎해란초꽃

해란초꽃

싸아한 바닷바람 타고
알알이 흩어져 쌓인
거친 모래땅에
한 포기 희망을 심은 후

잠자듯 고요롭다가도
때론 성난 소리로 출렁대는
검은 파도 소리까지
자장자로 들으며
노랗게 피어나는 부푼 가슴

한갓 풀이라고만 보아 넘기기엔
너무나도 섭섭한 것 같아
못내 아쉬워서
설레는 마음으로 불러보는
꿈 같은 해란초야!

✱✱✱ 바닷가 모래땅에 여러해살이풀. 15~40cm 가량 비스듬히 자라는 줄기는 가지가 갈라지며 전체에 흰빛이 돈다. 줄기에 마주나는 통통한 타원형 잎은 3~4개씩 돌려나기도 하며 줄기 윗부분에서는 어긋난다. 여름에 줄기나 가지 끝에 입술 모양의 노란색 꽃이 모여 피는데, 뒷부분은 기다란 꿀주머니로 되어 있다.

잎과 꽃줄기

해마리아꽃

어디서 날아온 나비이길래
이다지도 고울까

지난밤 무슨 사연 있었길래
예까지 왔을까

온밤을 뜬눈으로 소곤거리며
어지간히 곰살갑던
봄바람과 야합 있었다면

해쓱하도록 하얘진 그 얼굴빛도
진정 아름다움을 위한
무던한 날갯짓인가!

✳✳✳ 관상용으로 화분에 기르는 여러해살이풀. 굵은 뿌리줄기에서 모여나는 자갈색 잎은 달걀 모양으로 끝이 뾰족하고 잎면에는 세로줄 무늬가 있다. 봄에 20~30cm 가량 곧게 자라는 꽃줄기 윗부분에 어긋나는 짧은 꽃자루 끝에 아래서부터 붉은색이 도는 흰색 꽃이 옆을 보고 핀다.

애기해바라기꽃

해바라기꽃

눈만 뜨면
오로지 하늘 바라보며
온몸으로 해를 따라다니다
어느덧 해를 닮았는가

이글거리는 태양과
얼굴 마주치면
마구 쏟아지는 불기운
온전히 감당하기 버거워
밤새껏 토해 놓은
노란 꽃바람

붉은 해 삼키다 삼키다 피어나는
해님 같은 꽃

❇❇❇ 공원이나 밭에 기르는 한해살이풀. 원산지는 북아메리카. 1~2m 가량 자라는 줄기엔 거친 털이 있고, 줄기에 어긋나는 잎은 심장형이다. 여름·가을에 줄기와 가지 끝에 커다란 통꽃이 피는데 가장자리엔 혀 모양의 노란색 꽃이, 안쪽에는 대롱 모양의 갈색 꽃이 빽빽하게 들어찬다. 긴 타원형 씨가 익으면 고개를 숙인다. 씨는 먹거나 기름을 짜고, 비누나 페인트 원료로도 쓴다.

해오라비난초꽃

가녀린 다리는 분명
땅을 딛고 있으나
그 몸은 우주를 날며
구름 타고 가는 마음
고운 날갯짓 너울너울

바람과 빛이 자아낸
불후의 명작
살아 있는 신비의 예술

풀잎에 휘둘리는 가슴 안고
끝간데없이 날아오르는
해오라기 한 쌍을
하얗게 품어 본다

✽✽✽ 양지쪽 습지에 여러해살이풀. 20~30cm 가량 자라는 가는 줄기 밑 부분에 1~3개의 칼집 모양의 잎과 그 위에 3~5개의 넓은 선형 잎이 비스듬히 서며 밑 부분은 잎집으로 줄기를 감싼다. 여름에 줄기 끝에 날개 활짝 편 해오라기 모양의 흰색 꽃이 1~2개씩 핀다. 3개로 갈라지는 입술꽃잎 중 가운데 것은 선형이며 양 옆의 것은 반달 모양으로 가장자리는 잘게 갈라진다.

해오라비사초꽃

문득, 눈앞에 나타난
작은 새 한 마리에
머릿속이 하얘지도록
혼미해진 정신

나타날 때 그랬듯이
아무런 기척도 없이
홀연히 날아가버릴 것만 같아
옴짝달싹할 수가 없었다

아마도
죽어서 새가 될 꽃이여
창공까지 훨훨 날거라

❋❋❋ 얕은 연못이나 습지에 여러해살이풀. 관상용으로 화분에 기르기도 한다. 여름에 10~30cm 가량 자라는 곧은 줄기 끝에 자잘한 흰색 꽃이 모여 핀다. 꽃받침처럼 보이는 좁고 긴 줄기잎은 끝이 길게 뾰족하고 안쪽이 흰색 꽃처럼 보인다.

향모꽃

어쩌다 한두 번
바짓부리 스치고 지나가는
부는 듯 마는 듯한 바람결에도
정신없이 흔들거리지만

따스한 노란 햇살
무리져 다가오면
어느덧 자랑하고 싶은
유연하고 유연한 몸매

언젯날인가
꽃으로 보아줄 사람 만나는 게
평생 소원이긴 해도
꽃은 꽃이기에
오늘 하루도 이러저러한 생각 버리고
꽃답게 살아간다오

✽✽✽ 햇볕 잘 드는 풀밭에 여러해살이풀. 30cm 가량 자라는 가는 줄기는 곧게 서며, 뿌리에서 나온 선형 잎은 짧다. 봄에 줄기 윗부분에서 갈라져 나온 작은 가지 끝에 연한 갈색 꽃이삭이 약간 늘어지며 엉성하게 핀다. 향기가 좋아 향료의 재료로 쓰이며, 사료용으로 이용하기도 한다.

흰헬레보루스꽃

헬레보루스꽃

세상 모든 인연이란 게
낯익다고 좋기만 하고
낯설다고 나쁘기만 하진
않을 터

이 꽃도 저 꽃도 아닌 듯
그렇게 보이다가도
이 꽃 같기도 저 꽃 같기도 하여
갸웃거린다

만나서 반갑고
보아서 즐거우면
얼마든지 좋은 꽃과 나 사이

✽✽✽ 관상용으로 꽃밭에 기르는 여러해살이풀. 원산지는 그리스와 터키 동북 지방. 20~40cm 가량 자라는 줄기 윗부분에 끝이 뾰족하고 가장자리에 잔톱니가 있는 타원형 잎이 꽃받침처럼 돌려난다. 초봄에 줄기 끝에 탐스러운 담홍색 꽃이 1개씩 아래 또는 옆을 보고 핀다.

헬리오트롭꽃

귀여운 어린 인형처럼
반짝이는 작은 눈망울
소리 없이 깜박일 때마다
달콤한 향기 폴폴
꽃밭을 누비다가

어느 귀인의
치맛자락에 숨어서
아니 그런 척
시치미를 떼고 있으니

스쳐 지나가던 살랑바람
눈을 흘기며 실룩거리네

❋❋❋ 관상용으로 꽃밭에 기르는 한해살이풀. 원산지는 페루. 30~60cm 가량 자라는 줄기는 관목으로 보기도 한다. 가을에 줄기 끝에 자잘한 보라색 꽃이 모여 피는데 달콤한 향기가 풍긴다. 햇볕을 좋아하며 추위에 약하다.

댓잎현호색꽃

열매

현호색꽃

가랑잎 바스락거리는 소리에도
이슬방울 떨어지는 여파에도
쓰러질 듯 부러질 듯
여리디여린 가냘픈 몸으로
거친 검불 더미
어찌 다 헤치고 나왔을까

따스한 햇살 마중 나온 듯
방싯거리는 수줍은 입술
봄을 부르는 비단 춤사위에
내 마음도 살랑이는데

스스로가 봄바람인 듯
배시시 피어나는
연보랏빛 사랑의 메시지

✽✽✽ 산기슭이나 숲속에 여러해살이풀. 땅속 덩이줄기에서 나온 가는 줄기는 10~20cm 가량 자라며 물기가 많고 약해서 잘 부러진다. 줄기에 어긋나는 잎은 잎자루가 길며 1~2회3출엽으로 갈래조각은 거꾸로 된 달걀형이고 윗부분은 깊게 갈라진다. 초봄에 줄기 끝에 보라색 또는 분홍색 꽃이 피는데, 뒷부분은 기다란 꿀주머니로 되어 있다. 덩이줄기를 약재로 쓴다.

열매(슈퍼호박)

호박꽃

태어난 곳이 어디든 간에
세상 부러울 것 없이
풍성하게 자라며
밤낮없이 부지런하면서도
언제나 넉넉하고 따뜻한
어머니의 품속 같은 꽃

긴긴 날 애써 장만한
달콤한 꿀조차
아낌없이 내놓으며
함박웃음에 콧노래까지 부르니

너나없이 몰려드는
벌들의 궁전

❋❋❋ 밭이나 빈터에 기르는 덩굴성 한해살이풀. 원산지는 멕시코 남부와 열대 아메리카. 8~10m 가량 자라는 줄기는 거친 털이 있으며 자르면 5각형이다. 줄기에 어긋나는 잎은 큰 심장 모양으로 가장자리는 5갈래로 얕게 갈라지며 잎자루는 길다. 여름·가을에 잎겨드랑이의 꽃자루 끝에 노란색 통꽃이 1개씩 핀다. 암수한그루이며, 둥글고 큰 열매는 죽이나 엿을 만들고, 납작한 타원형 씨와 연한 잎도 먹는다. 많은 품종이 있다.

호제비꽃

따스한 햇살 안고 찾아온
봄바람이 좋아서
마냥 즐거운 표정

바람결에 스며드는
흙내음마저
감미로운 향수인 듯
꽃잎마다 곱게 피어나는
풋풋한 미소

그 미소
온 들판에 가득하니
네가 곧 봄인가 싶구나

✾✾✾ 밭 근처나 들에 여러해살이풀. '오랑캐꽃'이라고도 한다. 뿌리에서 모여 나는 잎은 전체에 짧은 털이 있고 길쭉한 세모꼴이며 가장자리에 물결 모양의 둔한 톱니가 있다. 봄에 잎 길이와 거의 비슷하게 자란 꽃줄기 끝에 제비꽃보다 조금 연한 자주색 꽃이 옆을 보고 핀다.

홀아비꽃대꽃

아무나 범접할 수 없게
고요를 온몸에 두르고
마디마디 명상을 수놓듯
차분하게 모여 있는
정갈한 분위기

햇살에 반짝이는
정겨운 이파리 움직일 때마다
새로운 신선을 잉태하듯
천상에서 내려온 하얀 신비의 꽃

꽃잎 없이도
아름다움 솔솔 자아내는
다정한 이야기꾼을 만난 듯
함께 머물고 싶은
마음속 그리운 이 같은

✼✼✼ 산지 숲속에 여러해살이풀. 뿌리줄기는 옆으로 벋으며 마디에서 줄기가 돋아나 20~30cm 가량 곧게 자란다. 줄기 끝 부분에 2장씩 마주나는 타원형 잎은 마디 사이가 짧아 4장처럼 보인다. 잎의 끝은 뾰족하고 광택이 있으며 가장자리엔 톱니가 있다. 봄에 줄기 끝에 흰색 솔 모양의 꽃이삭이 달린다.

홀아비바람꽃

차디찬 겨울도
잘 참아냈는데
따스한 봄볕에
왜 아니 바람 일까?

오늘 일
내일이 되어
사라지거나 묻힐지라도
오늘은 오늘 말고 다시 없기에
오늘답게 오늘을 살자

봄물 마신 흙들도 기지개 켜며
좋다 하지 않는가!

✲✲✲ 중부 이북 산지 숲속에 여러해살이풀. 1~2개의 뿌리잎은 3~7cm 가량 자라며 잎자루가 길고 잎몸은 손가락처럼 5개로 갈라지며 갈래조각은 다시 3~5개로 갈라진다. 봄에 7~10cm 가량 자라는 꽃줄기 끝에 꽃밥이 노란 흰색 꽃이 1개씩 위를 보고 핀다. 꽃줄기에 달리는 총포는 잎처럼 생겼으며 3개로 갈라진다. 꽃잎처럼 보이는 꽃받침조각은 5장이다.

홍학꽃

한 송이 꽃이 쓸쓸해 보여
홍학의 군무를 떠올렸을까

화려한 드레스 휘날릴 때마다
눈부시게 우아한 걸음
뜨거운 가슴 앞세워 다가올
연인 생각에

멈출 수 없는 날갯짓이
서러움 되어 퍼드덕거린다 해도

먼 파도 소리마저
임의 기척인 듯
기다림으로 쏠리는 저린 마음아!

❋❋❋ 관상용으로 기르는 여러해살이풀. 잎자루가 긴 둥근 잎은 끝이 뾰족하고 밑은 심장 모양으로 갈라진다. 가을에 30~40cm 가량 곧게 자라는 꽃줄기 끝에 노란색 이삭 모양의 꽃이 1개씩 위를 보고 핀다. 두께감이 있고 주름진 붉은 포엽이 꽃이삭을 받치고 있다.

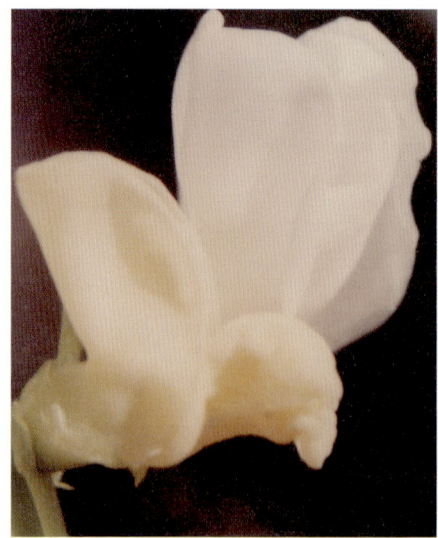

화초강낭콩꽃

가는 곳마다 펼치는
끊임없는 너의 변신을
누가 막으랴

밤마다 무슨 꿈을 꾸길래
자고 새면
몰라보게 벋은 덩굴마다
화려한 날갯짓

아침 햇살조차 눈부시다며
두 눈을 감아야 할 판이니
내일이면 또
얼마나 놀라게 할런지

✽✽✽ 관상용 또는 식용으로 기르는 덩굴성 한해살이풀. 원산지는 열대 아메리카. 강남콩과 대체로 비슷하나 줄기 윗부분이 길게 덩굴지며 다양한 품종이 있다.

열매

색동호박 열매

왕관호박 열매

화초호박꽃

툽상스럽게 앉아만 있던 호박이
다이어트를 하고
화장을 하고
색동옷을 입고 나서니

전에 없던
빛나는 눈빛 주고받으며
서로가 몰라보겠다며
즐겁고 유쾌한 표정으로
하루 해가 짧다는 듯
살랑살랑 눈웃음 짓는다

쉼없이 흐르는 세월에
천지 강산도 변하거늘
강산에 사는 호박인들
아니 변하고 살겠는가

✳✳✳ 관상용으로 울타리 주변에 기르는 덩굴성 한해살이풀. 줄기와 잎은 호박과 거의 비슷하나 꽃과 열매는 호박보다 작고 열매의 모양이나 색깔은 다양하다.

환삼덩굴꽃

꽃 찾아 나선 풀밭 걷노라면
어느새 귀신처럼 달라붙는
고약하고 성가신 녀석이지만
소리 없이 부는 실바람에도
정신없이 하늘거리며
연약한 꽃 다칠세라
온몸에 가시 옷 걸치고
밤낮없이 불침번을 서는
성실과 인내의 달인

손에 잡히기만 하면
무엇이든 감고 올라가
애써 피운 꽃송이 치켜들고
사랑스럽게 올려다보며
비로소 내쉬는 안도의 숨결이 곱다

❋❋❋ 길가나 빈터 산기슭 풀밭에 한해살이풀. 줄기와 잎자루에 잔가시가 있고, 줄기에 마주나는 잎은 잎자루가 길며 잎몸은 손바닥 모양으로 갈라지고 가장자리에 톱니가 있다. 암수딴그루로, 여름에 잎겨드랑이에서 나온 꽃대에 자잘한 연녹색 꽃이 모여 핀다. 전에는 줄기 껍질로 옷감을 짜기도 했으며, 열매와 줄기는 약재로 쓴다.

잎과 열매

활나물꽃

햇볕과 바람이 만나
보송보송하게 피어난
갈색 털옷 입고
차분하게 앉아 있는 참한 모습

보고픈 임 생각에
목이 탈 때마다
푸른 하늘 마시다 마시다
청자색 나비가 되었을까

나붓나붓 춤추는 나비 꿈꾸다
꽃으로 태어난 듯
요염하고 요염하여
시린 눈에 맺히는 영롱한 이슬에
달뜬 가슴이 젖는다

❋❋❋ 산과 들에 한두해살이풀. 20~70cm 가량 곧게 자라는 줄기는 전체에 긴 갈색 털이 빽빽하게 나 있다. 줄기에 어긋나는 넓은 선형 잎은 가장자리가 밋밋하다. 여름에 줄기와 가지 윗부분에 나비 모양의 청자색 꽃이 촘촘하게 돌려가며 옆을 보고 핀다.

활량나물꽃

자손 대대로
고스란히 이어받은
넘치는 한량끼
주체할 수 없어
휘휘 잡고 오르면서도
연신 벙긋거리는 덩굴손

허리 휘어지도록
보고픈 임 생각 지울 수 없어
노랗게 휘날리는 도포 자락

임 마중 나설 때면
걸음도 가볍게
온갖 나비 불러 모은다

✱✱✱ 산기슭에 덩굴지는 여러해살이풀. 80~120cm 가량 비스듬하게 자라는 줄기에 어긋나는 잎은 깃꼴겹잎이며, 작은 잎은 타원형으로 마주나고 잎자루 끝엔 2~3갈래로 갈라지는 덩굴손이 있다. 여름에 잎겨드랑이에서 나온 꽃대에 여러 개의 나비 모양의 노란색 꽃이 피는데, 점차 황갈색으로 변한다. 어린순은 나물로 먹고 뿌리는 지혈제로 쓴다.

황금꽃

턱밑까지 차오르는 더위로
땀투성이가 된
침침하던 눈이

캄캄한 동굴 속에서
별안간 불빛이라도 만난 것처럼
섬광이 일었다

놀란 가슴 진정하려는
나를 보고
아무렇지도 않은 듯 방실거리는
자줏빛 황홀함이여!

막상 꽃은
황금 빛깔도 아니면서
황금보다 더 눈부시더이다

❋❋❋ 약초로 기르던 것이 들에 퍼져 사는 여러해살이풀. 여러 대가 포기를 이루는 네모진 줄기는 20~60cm 가량 자라며 가지가 갈라지고 줄기에 마주나는 잎은 피침형이다. 여름에 줄기와 가지 끝에 입술 모양의 자주색 꽃이 한쪽으로 치우쳐 핀다. 꽃부리는 밑에서 굽어 곧게 선다. 속이 황금 색깔인 뿌리를 한약재로 쓴다.

황금무늬맥문동꽃

꽃 피기도 전부터
즐겁고 즐겁게 살랑거리는
황금 무늬 잎에게 반해
정신없이 달려온 가을 햇살
너울너울 멈추지 않는 춤

한껏 차리고 나온
빛나는 보랏빛 꽃은
토라지고 토라져
실눈 샐쭉거리지만

세상은 이미 흥겨움에 젖어
그저 스쳐가는 바람도
어느결에 취한 듯
꽃인 듯 잎인 듯 산들거리네

❋❋❋ 관상용으로 꽃밭이나 화분에 기르는 여러해살이풀. 맥문동과 거의 같으나 긴 선형 잎에 황금 빛 세로 줄 무늬가 뚜렷한 것이 특징이다. 초가을에 잎 사이에서 올라온 꽃줄기 윗부분에 연자주색 자잘한 꽃이 이삭 모양으로 모여 달린다.

열매

백두산황기꽃

황기꽃

몸에 이롭다고
뿌리에만 눈독 들이지 말고
바람결에 나부끼는
자유의 여신 같은
꽃도 좀 기억해 주오

봄부터 자란 줄기 끝에
연노란색 작은 날개
줄줄이 펼치고 일어나면
팔랑거리는 귀여운 나비 되어
곱디고운 맵시

비록 눈먼 벌일지라도
그냥은 못 간답니다

❋❋❋ 산지 바위 틈에 여러해살이풀. 약초로 재배하기도 한다. 1m 가량 곧게 자라는 줄기는 가지가 많이 갈라지고 전체에 부드러운 흰색 잔털이 있다. 줄기에 어긋나는 잎은 깃꼴겹잎이며, 15~17개의 달걀형 작은 잎은 마주난다. 늦여름에 잎 겨드랑이에서 나온 긴 꽃대에 10~15개의 나비 모양의 연노란색 꽃이 핀다. 뿌리를 한약재로 쓴다.

열매

황새승마꽃

고요와 정적이 만나
마주보고 앉아 있는 듯한
거무칙칙한 숲속에
한 줄기 밝은 빛
어디서 왔느냐?

수많은 작은 등불 이어 달고
가지가지 늘어져
가는 허리 휘어지지만

그래도 세상 밝히는
힘 하나 자랑 자랑하며
푸른 하늘 한아름 끌어안고
속삭이듯 하는 말
어디까지라도 날고 싶다고

✲✲✲ 산과 들에 여러해살이풀. 1~1.5m 가량 곧게 자라는 줄기에 어긋나는 잎은 잎자루가 길고 2~3회3출겹잎이며, 작은 잎은 달걀형 또는 타원형으로 가장자리에 톱니가 있다. 여름에 줄기와 가지 끝에 자잘한 흰색 꽃이 아래서부터 피어 올라간다. 열매는 넓은 타원형으로 납작하다.

회리바람꽃

여느 바람 가지고는
끄떡도 하지 않을 듯
지구라도 움직일 것 같은 힘을
여실히 보여주는
회리바람만을 기다리는 것일까

철 따라 달리 피어나는
갖가지 바람꽃 중에
막내둥이라도 되는 양
귀여운 모습을 하고 있으면서
그 뱃심 한번 두둑하여

내 너를 지켜보고 있음도
잊지 말거라

✲✲✲ 산지에 여러해살이풀. 15~30cm 가량 자라는 줄기는 가지가 갈라지지 않으며, 줄기 끝에 잎처럼 생긴 3장의 총포는 3갈래로 깊게 갈라지고 갈래조각은 다시 굵은 톱니처럼 불규칙하게 갈라진다. 초여름에 꽃대 끝에 자잘한 연노란색 꽃이 촘촘하게 둥글게 모여 피는데, 5장 꽃받침은 완전히 뒤로 젖혀진다.

회향꽃

그저 스쳐가는 바람결에도
미친 듯이 흔들리는
가냘픈 이파리 안타까워도

연약한 가지 끝에
보일 듯 말 듯 앉아 있는
먼지 알갱이만 한 꽃
자세히 살펴보면
귀엽고 귀여운 미소 띤 얼굴

익을 대로 익은 열매
향기 되어 퍼질 때까지
묵묵하게 가꾸어 온
숨겨진 아름다움 들어 있었네

✲✲✲ 빈터나 길가에 여러해살이풀. 원산지는 유럽. 약용으로 기르던 것이 퍼지게 되었다. 1~2m 가량 자라는 줄기는 가지가 많고, 줄기 밑 부분의 잎은 잎자루가 길고 위로 갈수록 짧아져 잎집이 된다. 잎몸은 3~4회깃꼴로 갈라지고 갈래조각은 실처럼 가늘다. 여름에 가지 끝에 자잘한 노란색 꽃이 모여 송이리를 이룬다. 가느다란 열매를 '회향'이라 하며 마르면 향기가 난다.

덩굴과 어린 열매

후추꽃

꽃인 듯 아닌 듯
실눈만 겨우 뜨고 있더니
어느 겨를에
입 꼭 다물고
꽃 아닌 녹색 열매

그대로 끝인가 했더니
도란도란 가을 햇살과 사귀며
맵싸한 향기로 똘똘 뭉친
검보랏빛 보석 덩이 되어
바람도 놀라게 하는
요술 같은 삶

그래 그렇다
너풀너풀 애써 드러내기보단
속 차게 영글어 가는 게
제대로 사는 것인지도…

✸✸✸ 덩굴성 한해살이풀. 원산지 인도에서는 열대성 상록관목. 2~5m 가량 자라는 자줏빛 줄기에 어긋나는 잎은 심장 모양으로 끝이 조금 뾰족하다. 늦여름에 잎겨드랑이에 분홍색 자잘한 꽃이 송아리를 이루며 핀다. 꽃잎은 조금만 벌어지며 그대로 열매로 변한다. 검보랏빛 열매는 맵고 향기로워 조미료로 쓴다.

흑바위솔꽃

첫눈에
흑진주의 진가를 보는 듯
햇살이 만들어낸
신비로운 광채에
별안간 뜨거워지는 가슴

심통난 구름들끼리 모여
잠시 태양을 가린다 해도
찬연히 피어오를
상서로운 기운

구릿빛 햇볕에
검은 바위를 쪼아 녹여 마시다
그리 되었을까
바람을 모아 달여 마시다
그리 되었을까

✷✷✷ 바위나 기와 지붕에 여러해살이풀. 방석처럼 사방으로 퍼지는 뿌리잎은 끝이 단단한 가시처럼 된다. 30cm 가량 자라는 줄기에 촘촘하게 붙는 피침형 잎은 검은 자줏빛이 돌며 통통한 다육질이며 끝이 뾰족하다. 가을에 긴 꽃줄기에 자잘한 흰색 꽃이 돌려가며 촘촘하게 옆을 보고 핀다. 꽃잎과 꽃받침조각은 각각 5개씩이다.

흑박주가리꽃

아무도 몰래
꼭꼭 숨겨 놓은 흑진주처럼
소중한 보배
소중한 만큼 안타까운 사연

오직 한 번의 만남으로
가슴 깊이 새겨진
지워지지 않는 그리운 얼굴

언젠가 다시 만나면
켜켜로 쌓인 그리움
남김없이 풀어내고 싶은데
풀어내고 싶은데…

✽✽✽ 산과 들에 여러해살이풀. 전체에 누운 털이 있으며 줄기 윗부분은 덩굴성이다. 줄기에 마주나는 긴 달걀형 잎은 잎자루가 짧고 끝이 뾰족하며 약간 두께감이 있다. 여름에 잎겨드랑이에 작은 자주색 꽃이 몇 개씩 피는데 꽃받침 조각은 좁고 길며 꽃부리는 5갈래로 갈라진다.

암꽃(아래)과 수꽃(위)

열매

흑삼릉꽃

한가로운 늪 속에
잠잠한 질서를 깨고 나타난
도깨비 같은 녀석

야릇한 생김생김이 궁금하여
넋 놓고 바라보는 사이
어느덧 살랑대는 신비의 바람

함께 있는 듯 따로요
따로인 듯 함께 있는
암수의 지극한 사랑법

은근히 드러내는 묘기 앞에
소리 없이 일렁이는 물그림자

❋❋❋ 늪이나 연못가 얕은 물에 여러해살이풀. 뿌리줄기가 옆으로 벋으며 줄기가 나온다. 긴 선형 뿌리잎은 서로 감싸면서 자라며 뒷면에 1개의 능선이 있다. 여름에 잎 사이에서 올라온 꽃줄기가 70~100cm 가량 자라면서 윗부분에 동그란 수꽃이삭이 달리고 그 밑으로 이보다 큰 암꽃이 드문드문 달린다. 열매는 거꾸로 된 달걀형으로 익으면 도깨비방망이 모양으로 변한다.

흰고려엉겅퀴꽃

많고많은 엉겅퀴 중에
너만 유독 하얗게 피어남은
봄부터 달려온
험한 가시밭길에서도
애써 간직해 온
타고난 순수의 열정 때문인가
장밋빛 유혹의 손길과도
결코 타협할 수 없는
새하얀 고집 때문인가

하여간 장하고 장하구나
소리만 들어도 가슴 뿌듯한
'고려'도 좋고
'하양'도 좋으니
내 너를 두고두고 새기며
노래하고 노래할 것이다

❋❋❋ 산기슭이나 들에 여러해살이풀. 1m 가량 자라는 줄기는 가지가 사방으로 퍼진다. 줄기에 어긋나는 달걀형 잎은 끝이 뾰족하고 가장자리에 가시 같은 날카로운 톱니가 있으며 위로 갈수록 작아진다. 잎 표면엔 털이 약간 있으며 뒷면은 흰빛이 조금 돈다. 여름·가을에 줄기와 가지 끝에 흰색 꽃이 몇 개씩 모여 핀다. 어린 잎은 나물로 먹는다.

열매와 꽃망울

큰흰독말풀꽃

흰독말풀꽃

무심코 길을 걷다가
예기치 못한 초거인과 마주친 듯
깜짝 놀라
선뜻 다가서지 못하고
주뼛주뼛 멈칫거리는
이상야릇한 상황이었음을
너는 짐작이나 하였을까?

작은 꽃에
너무 익숙해져 있었기에
닥쳐온 미묘한 혼란이었을까

하지만, 이내 감탄의 골짜기로
빠져들고 말았으니
그 까닭이 알 듯 말 듯하구나

❈❈❈ 길가나 빈터에 한해살이풀. 원산지는 열대 아시아. 1m 가량 자라는 줄기는 굵은 가지가 많다. 줄기에 어긋나는 넓은 달걀형 잎은 잎자루가 길고 밑 부분은 심장저이고 가장자리에 결각 모양의 톱니가 있거나 밋밋하기도 하다. 여름에 잎겨드랑이에 큰 깔때기 모양의 흰색 꽃이 1개씩 피는데, 저녁에 피었다 아침이면 시든다.

흰무릇꽃

단 한 포기
너를 만난 것부터가
행운, 행운이었다

너무나도 청초하여
먼발치서부터 눈이 부시게
가슴 도근거리고
환성을 내지를 만큼
반갑고 반가운 마음에
나도 모르게 숨죽인 허둥 걸음마저
비틀거린 걸 넌 아마 모를 거야

무슨 사연 그리도 많아
깔끔맞은 것도 모자라
깍쟁이처럼 홀로 지내는지…

❋❋❋ 산과 들 풀밭에 여러해살이풀. '무릇'과 같으나 꽃 색깔이 흰색이다.

← 붉은점흰물봉선꽃 →

흰물봉선꽃

아무리 그럴싸한
소문난 흉내쟁이라도
결코 따를 수 없는
타고난 고결함
숨겨진 순수의 진면목

생명처럼 흐르는
산골짜기 물바람도
보고픈 임 오신 듯
살랑거리는 동안

진하고 진한 점액으로 채워진
사랑의 꿀주머니 위로
아침 이슬이 내린다
영롱한 아침 이슬이

✽✽✽ 산골짜기 물가나 습지에 한해살이풀. 40~80cm 가량 곧게 자라는 줄기는 가지가 갈라지며 연하고 마디가 통통하다. 줄기에 어긋나는 잎은 넓은 피침형으로 가장자리에 날카로운 톱니가 있다. 늦여름에 가지 윗부분 작은 꽃자루 끝에 물봉선 같은 꽃이 흰색으로 핀다. 꽃잎 안쪽에 노란 무늬가 있으며 꿀주머니는 끝이 안쪽으로 말린다.

흰민들레꽃

노랑 일색인
여느 민들레와는
분명히 차별화된
순결한 미모에
아지랑이 너울너울 애교까지 부리면

다 주어도 아깝지 않을
하얀 가슴 다독이며
한아름 봄볕을 껴안고
숨가쁘게 달려오는
벌네도 좋아라
나비네도 좋아라

오, 숭고한 생명
생명의 신선함이여!

✻✻✻ 빈터나 양지쪽 풀밭에 여러해살이풀. '민들레'와 같으나 꽃 색깔이 흰색이다.

흰박주가리꽃

많고 많은 풀꽃 중에
멋이란 멋 제대로 갖춘
박주가리로 태어난 것만 해도
다시없는 행운이련만

어느 눈의 나라에서 온 듯
티끌 하나 찾을 수 없는
새하얀 차림차림에
눈이 부시고
마냥 포근할 것만 같은 인상에
조용하던 가슴마저 설레는데

기분 좋게 유린하는
보이지 않는 향기마저
날 사로잡고 마는구나

✳✳✳ 산기슭이나 들에 덩굴지는 여러해살이풀. '박주가리'와 같으나 꽃의 색깔이 흰색이다.

흰전동싸리꽃

처음 만나
얼른 바라보기엔
갓 지어낸 하얀 밥알이
다닥다닥 붙어 있는 것처럼
소담스럽게 보이더니

찬찬히 뜯어보니
앙증맞은 나비의 매무새에
비단결 같은 날개 날개들
금방이라도 날아오를 듯
생기발랄한 표정

다시 또 보니
마치 세속을 벗어난
하얀 신선을 마주하고 있는 듯
눈이 번쩍 빛나더이다

❋❋❋ 길가나 빈터에 두해살이풀. 원산지는 중앙아시아. 30~120cm 가량 자라는 줄기는 가지가 많고 줄기에 어긋나는 잎은 3출엽이다. 피침형 작은 잎은 끝이 둔하고 가장자리에 가는 톱니가 있다. 여름에 잎겨드랑이에서 나온 긴 꽃대에 나비 모양의 자잘한 흰색 꽃이 아래서부터 촘촘하게 핀다.

흰좀바위솔꽃

따스한 가을 햇살에
살랑이는 파란 바람 안고
먼 하늘 바라보면서
온화한 바위의 체온으로
살며시 피어나면

지난날의 아름다운 추억
꼬깃꼬깃 곱게 접어
오롯이 간직하고 싶은 마음
흰 구름은 알라나 몰라

산허리 적시며
흘러가는 계곡 물도
가끔씩은 외로울 거야

✻✻✻ 높은 산지 바위에 여러해살이풀. 15cm 가량 자라는 줄기에 촘촘하게 돌려나는 비늘 모양의 잎은 긴 타원형으로 끝이 송곳처럼 뾰족하며 통통한 다육질이고 밑동에는 손톱 모양의 부수물이 붙어 있다. 가을에 자잘한 흰색 꽃이 이삭 모양으로 촘촘하게 피는데, 곁꽃잎은 5장이며 긴 타원형이다. 긴 타원형 열매는 양 끝이 뾰족하다.

흰줄무늬사사꽃

햇살에 잘 마른
감미로운 바람결 아니라면
누가 꽃이라
알기나 할까마는

깜냥으로는
분단장 게을리하지 않고
기다리고 기다려온 나날
어김없이 가슴 설렘은
위태로움 속에서도
진정 꽃다운 하루
숨쉬고 있기 때문이지요

아, 오늘도 바람에 이울어갑니다

❋❋❋ 관상용으로 기르는 여러해살이풀. 건조한 땅에서 잘 자라며 뿌리에서 모여 나는 잎에는 흰줄무늬가 세로로 나 있다. 초가을에 15~20cm 가량 자라는 꽃줄기 윗부분에 자잘한 갈색 꽃이 이삭 모양으로 핀다.

미니히아신스꽃

히아신스꽃

살짝 꽃샘추위 비켜가기 기다리며
온갖 봄 아기씨들
움츠리고 있을 때

혼자만 노란 햇살 움켜쥐고 있다가
보란 듯이 먼저 피었는가

하양이 · 빨강이 · 분홍이도 모자라
은은한 보랏빛까지
솔솔바람 따사롭게 일으키는
매혹의 향기 잔치

겨우내 얼어붙은 가슴마다
방긋거리는 봄을 심어 주며
아지랑이 앞세워 나울거리네

✽✽✽ 관상용으로 기르는 여러해살이풀. 원산지는 소아시아. 비늘줄기에서 4~5개의 길쭉하고 끝이 뭉툭한 잎이 뭉쳐나며, 잎은 안쪽으로 굽는다. 초봄에 잎 가운데서 나온 15~30cm 가량의 튼튼한 꽃대에 흰색·붉은색·분홍색·보라색 등의 꽃이 촘촘하게 돌려가며 원통 모양으로 옆을 보고 피는데, 꽃잎은 6장이다. 향기가 매우 좋다.

부록1

은화식물

속새

개속새

그냥 지나치지 않고
너와 내가 만났기에
우리 사이가 되어
하나의 빛이 되나 보다

낯선 너의 출현에
숨을 죽이며
가만가만 다가가던 내 걸음
꽃인가 열맨가
열매도 아니고 꽃도 아닌 듯
수상하고 수상하여
무조건 찍은 사진

그때 무심코 지나쳤다면
지금도 우린 서로 모르는 사이…

❋❋❋ 산과 들 양지쪽 풀밭이나 바닷가 모래밭에 늘푸른여러해살이풀. 땅속줄기가 옆으로 길게 벋는다. 30~100cm 가량 자라는 줄기는 흰빛이 도는 녹색이며 능선 위에 잔점이 있거나 옆으로 주름이 진다. 좁은 피침형 비늘 같은 잎은 엉성하게 줄기를 감싼다. 초여름에 줄기나 가지 끝에 긴 타원형 포자낭이삭이 달리는데 끝이 약간 뾰족하다.

고란초

언뜻 네 이름만 들어도
부여 부소산의 고란사가 생각나고
불현듯
숭고한 백제인의 혼이라도 만난 듯
오롯이 맑아지는 내 마음

꽃 없이도
꽃다움의 극치를 보여 줌이니
언제 어디서 만나도
천년 약수가 흐르는 고란사 바위에만
살고 있을 것 같은
진귀한 존재!

오늘도 그대로 피어 있겠지…

❋❋❋ 바위나 고목에 늘푸른여러해살이풀. 관상용으로 기르기도 한다. 땅속줄기에서 모여 나는 잎엔 연한 갈색 비늘조각이 붙는다. 2~15cm 가량 자라는 잎몸은 홑잎이며 대개 타원형의 피침 모양이나 몇 갈래로 갈라지기도 하며 잎자루가 있다. 잎 뒷면 주맥 양쪽 측맥 사이에 둥근 포자낭군이 나란히 달린다.

홀씨잎(갈색)과 영양잎(녹색)

어린순

고비

풋풋한 향내 그윽한
나뭇가지 사이사이로
소곤소곤 속삭이며 다가오는
따스한 햇살
마중이라도 하듯

묵은 검불 헤치고
살며시 모습 드러내는
꼬마 인형 같은 녀석

이름만 꽃 아닐 뿐
전신을 돌돌 말은 절제된 몸으로
온전한 아리따움으로 피어나는
수줍은 꽃이어라 꽃이어라

✻✻✻ 나무 그늘이나 습기 있는 산지에 자라는 여러해살이풀. 주먹 모양의 땅속 줄기에서 나오는 잎은 60~100cm 가량 곧게 자란다. 홀씨잎이 먼저 나오고 후에 나오는 영양잎은 반질반질하며 깃꼴로 갈라진다. 가을에 홀씨잎에 짙은 갈색 홀씨주머니가 포도송이처럼 다닥다닥 달린다. 어린순은 나물로 먹고 뿌리는 약재로 쓴다.

어린순

고사리

눈에 띄는
꽃 없다고
수군거리는 소리
귓가로 흘리며

고운 바람 고이 모아
눈부신 햇살로 피워낸
꽃다운 고사리밥

이만하면
세상에 태어난 보람
남부러울 것 없는
한아름의 푸른 자긍심

✽✽✽ 햇볕 잘 드는 산과 들에 여러해살이풀. 굵은 땅속줄기가 옆으로 벋으며 군데군데 아기 주먹처럼 말려 있는 어린순이 돋아나 1m 가량 자란다. 어린순이 펼쳐지면 깃꼴겹잎이 되며 작은 잎은 세모진 달걀 모양이고 잎자루는 연한 갈색으로 곧게 선다. 여름에 잎 뒷면의 맥을 따라 홀씨주머니가 달린다. 어린순은 나물로 먹는다.

포자잎(갈색)과
영양잎(아래녹색)

← 포자낭 →

고사리삼

화사한 꽃 아니어도
꽃처럼 꾸미고 나온
새침한 영양엽과
풍요로운 포자엽

함께 보면, 단아하면서도
깔끔한 매무새에
고상한 듯 비밀스러운 듯
색다른 숲속의 미인

가을 바람에 폴폴
반짝이며 흩어져 가는
노란 포자들의 여정에
공연히 눈물이 나네

✿✿✿ 숲속이나 냇가 근처에 늘푸른여러해살이풀. '꽃고사리삼'이라고도 한다. 잎자루가 있는 영양엽은 5~10cm 가량 자라며 3~4회 깃꼴로 갈라진다. 포자엽은 영양엽보다 훨씬 길게 15~40cm 가량 자라며 끝에 많은 황색 포자낭이 원뿔 모양을 이루며 달린다.

관중

분명 한 포기 풀이건만
그 보임새
장관을 이루고 있으니

꽃씨도 아닌
한 톨 포자의 힘 놀라워
가슴이 뛴다

습기 찬 풀밭에서
갑자기 으스스한 기운을 느낌은
어인 까닭인가

무슨 남모를 사연이라도
간직하고 있는 건 아닐까

✽✽✽ 산지 숲속에 여러해살이풀. 둥글게 모여나는 잎자루는 20cm 가량이다. 잎몸은 80~120cm 가량 자라며 2회깃꼴 모양으로 깊게 갈라지며 끝 부분이 밖으로 비스듬히 휘어진다. 중축에 비늘조각이 많이 달린다. 포자낭군은 위쪽 입조각에만 붙는다.

긴잎석위

간드러진 웃음으로
활짝 핀 꽃잎 팔랑이며
색색깔 자랑 일삼는
그런 꽃만 꽃이던가

소리 소문 없이도
아름다운 꿈
차곡차곡 가꾸며 살면
한 톨 홀씨까지도
어여쁜 꽃이요
지나가는 바람 한 점도
놓칠 수 없는
꽃 같은 희망인 것을요

✽✽✽ 바위나 고목에 붙어 자라는 늘푸른여러해살이풀. 관상용으로 기르기도 한다. 옆으로 벋는 땅속줄기에서 나온 잎은 넓은 피침 모양으로 뒷면에 별 모양의 털이 많다. 여름에 연한 갈색의 원형 홀씨주머니는 주로 잎 뒷면 위쪽으로 많이 붙는다.

포자잎(갈색)과 영양잎(녹색)

포자잎   포자낭

꿩고비

한 편의 시처럼
은근히 드러나는 멋스러움
한 편의 소설처럼
숨겨진 많은 이야기가
하나씩 비집고 나올 것 같아

가까이 다가가
이리 보고 저리 보느라
네 곁을 한참 서성이는데

요요하게 들려오는
계곡의 나직한 물소리마저
고요하던 내 가슴을
소리 없이 휘저어 놓는구나

❋❋❋ 습기 있는 산지 숲속에 여러해살이풀. 땅속줄기는 짧게 기거나 선다. 30~80cm 가량 자라는 영양엽은 어릴 때는 적갈색 솜털로 덮이지만 자라면서 없어진다. 짙은 갈색의 포자엽은 영양엽이 돌려난 가운데 곧게 서며 포자낭이 빽빽하게 붙는다. 어린 잎은 나물로 먹고 전초를 약재로 쓴다.

박쥐란

화려하게 피운
꽃 없이도
사람의 눈길 사로잡는 재주
참으로 가상하여
꽃 본 듯이 달려가는
설레는 마음이다가

어찌 보면
좀은 어수선하고
심란한 것 같아도
그 또한 너의 매력이니

어디서 살건
무럭무럭 자라거라

✽✽✽ 관상용으로 벽이나 나무 등걸에 붙여 기르는 늘푸른여러해살이풀. 원산지는 호주. 완전히 다른 종류의 잎이 자라는데, 하나는 영양잎으로 양배추처럼 둥글게 생겼고 다른 하나는 포자잎으로 사슴뿔처럼 끝이 2갈래로 갈라지며 갈래 끝은 뾰족하다.

암그루

솔이끼

잘 가꾸어진
깊은 숲속을 거니는 듯
솔 향기 솔솔 풍기는
풋풋한 향취에
이슬마저 한 방울 향수인가!

겨우 숨만 쉬던 가슴을
살살 두근거리게 하는
신비로운 풍경 속에
꽃처럼 구름처럼 피어나는
작은 생명 생명들

싱그러움으로 꽉 찬
대자연의 축소판

❋❋❋ 산지 나무 밑이나 습기 많고 햇볕이 들지 않는 곳에 선태식물. 정원이나 화분을 꾸미는 데 쓰기도 한다. 뿌리는 물과 양분을 흡수하지 못하는 헛뿌리이며 줄기는 5~10cm 가량 곧게 서고 솔잎과 비슷한 바늘 모양의 녹색 잎이 줄기에 촘촘하게 돌려난다. 암수딴그루로 암그루는 1개의 갈색 줄기가 나와 긴 통 모양의 홀씨주머니가 달리고 수그루는 줄기 끝에 잎이 달린다.

솔잎란

계절도 모르고 피어 있는
솔잎을 닮아
눈에 띄는 꽃 없이도
꾸김살 하나 없는
고고한 기상
절색 가인
바로 너를 두고 이른 말인가

가만가만 눈이라도 맞추면
금세라도 솔솔 피어날
향긋한 솔향 때문에
숨죽이던 작은 가슴에
미묘한 바람이 부네

✻✻✻ 관상용으로 바위에 붙여 기르는 늘푸른여러해살이풀. 모여 나는 녹색 줄기는 10~30cm 가량 자라며 윗부분에서 2갈래로 갈라지고 다소 모가 진다. 잎맥이 없는 비늘 조각 같은 잎은 작게 흩어져 있다. 포자낭은 납작한 둥근 모양이며 녹색이나 노란색으로 익는다. 전초를 약재로 쓴다.

생식줄기 위의 포자낭이삭

포자낭이삭

영양줄기(녹색)에 있는 작은 비늘 같은 잎

쇠뜨기

생식줄기와 영양줄기가
같은 뿌리에서 나오면서도
때도 달리하고
생김생김도 같지 않으니
둘이가 한몸인 것이
신기하고 신기한 녀석

마치 잎 같기만 한 줄기도
희한한 일 중에 하나지만
어찌하여 잎은
마디 마디에 설움처럼 남아
근근이 붙어 있는지!

그래도 왕성한 포자낭은
제 할 일 다하여
봄날을 온통 제 세상으로 만드는구려

✽✽✽ 들이나 산기슭 풀밭에 여러해살이풀. 봄에 10~20cm 가량 자라는 홍갈색 생식줄기는 '뱀밥'이라 하는데, 그 끝에 긴 타원형 포자낭이삭이 달리며 포자를 산포한 후에 말라죽는다. 녹색 영양줄기는 생식줄기가 쓰러질 무렵 나와 20~30cm 가량 자라며, 마디에 퇴화한 잎이 비늘처럼 돌려난다.

수그루와 엽상체(녹색 잎처럼 보이는 것)

암그루

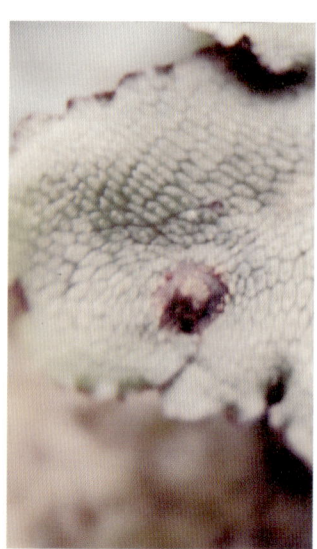

엽상체에 생긴 무성아

우산이끼

흐르는 물소리에
몸을 적시며
촉촉한 산바람으로
신선이 된 양

초록 내음 가득한
향기로 숨을 쉬며
오순도순 정다운 모임

작은 산새들 노니는 속에
벌 나비 나붓거리면
여기가 바로 천국이요
조요로운 이끼의 나라

❋❋❋ 집 근처나 습기가 많고 그늘진 산지에 이끼식물. 잎 줄기 뿌리의 구별이 없다. 몸 전체가 잎처럼 자란 엽상체가 2갈래로 갈라지며 작은 술잔 모양의 무성아가 달리며 뒷면에는 털 같은 헛뿌리가 있다. 암수딴그루로 암그루는 우산살을 펼친 모양이며 갓 밑에 홀씨주머니가 있다. 수그루는 뒤집어진 우산 모양이다.

수직 바위에 붙어 사는 모습

우단일엽초   산일엽초

일엽초

꽃은 보이지 않고
잎 하나 달랑

한 방울 이슬에
마른 입술 축이고
한 줄기 빗물에
배가 부르고
대궐 같은 바위가
모두 내 집이니

등성이 넘어온 산바람으로
천하를 맛보며
신선으로 산다오

❋❋❋ 바위나 고목에 붙어 자라는 늘푸른여러해살이풀. 옆으로 기는 땅속줄기에서 1개씩의 잎이 나와 10~15cm 가량 선형으로 자라며 잎자루는 짧다. 잎자루와 잎맥엔 비늘이 있고 잎몸은 가죽질이며 앞면은 짙은 녹색이고 뒷면은 연녹색이며 잔구멍으로 된 점이 있다. 잎몸 뒷면 윗부분에 2줄로 된 연한 갈색의 홀씨주머니가 있으며 잎이 마르면 뒤로 말린다.

포자잎(부분)

포자잎   영양잎

큰봉의꼬리

세상 일
조금만 달리 생각하면
딱히 꽃만 꽃이라고
우길 일도 아닌 듯
포자도 꽃이라 하면 꽃이요
이파리도 꽃이라 하면 꽃이겠기에

저 멋진 꼬리 좀 보소
비가 오나 바람이 부나
결 가는 대로 느긋한 여유
추위가 와도 더위가 와도
어제와 같은 푸름

한세상 살면서
후회할 게 있을까
아쉬울 게 있을까

✽✽✽ 남부 지방 산지 숲가에 늘푸른여러해살이풀. 포자식물로 관상용으로 기르기도 한다. 땅속줄기는 짧고 단단하며 자갈색의 비늘조각이 있다. 뿌리에서 모여 나는 잎자루는 20~45cm 가량으로 길며 포자엽이 영양엽보다 길다. 잎몸은 긴 갈래조각으로 갈라지며 가장자리엔 고르지 않은 톱니가 있다. 포자낭군은 포자엽의 잎조각 가장자리에 검게 붙는다.

어린순

풀고사리

따스한 햇살이
노랗게 스며드는 산기슭에
보송보송한 솜털 모자를 쓰고
무더기 무더기 올라오는
부지런한 귀염둥이들

아직은 새벽 바람이 차가운 듯
잔뜩 옹송그린 모습이
가엾기도 하여
자꾸만 눈길이 간다

며칠 후면
귀엽던 시절 옛일인 듯
두 팔 벌려 너풀너풀
온 산을 뒤덮을 테지만

✵✵✵ 산기슭 건조한 곳에 여러해살이풀. 땅속줄기는 둥글고 단단한 철사 모양이다. 긴 잎자루에 50~100cm 가량 자라는 잎몸의 잎조각은 2회 깃꼴로 깊게 갈라진다. 어린순은 털 모양의 갈색 비늘조각에 덮혀 동그랗게 말린 채 올라온다. 잎의 앞면은 약간 윤기가 있으며 뒷면은 흰색을 띤다. 봄에 어린순은 나물로 먹는다.

부록2

버섯

가랑잎애기버섯

바람인 듯 솔솔 스며드는
마른 솔잎 숨소리에도
깜짝 놀라 깨어나고
가랑잎 기침 소리에도
감기 걸릴지 몰라
조마조마한 마음으로
햇살 눈치 살피는데

한낮의 고요로움이
오히려 지루하기라도 한 듯
바람 타고 올 솔향 생각하며
눈만 깜박거리는가

❋❋❋ 여름~가을에 걸쳐 활엽수림·침엽수림 내 낙엽 위에 자라며 북반구 일대·오스트레일리아·유라시아 등지에 분포한다. 갓은 1.5~3.5cm 가량으로 처음에는 반구형이나 점차 볼록편평형이 되며, 표면은 황갈색·암갈색이고 조직은 질기며 매운 맛이 난다. 주름살은 끝붙은형 또는 완전붙은형이며 성기고 담황색이다. 대는 위 아래 굵기가 같고 기부는 약간 굵다. 식용 불명이다.

구름버섯

구름이라고
하늘에서만 떠돌다
형체도 없이 사라지는 건
너무 허망한 것이었을까?

숲속에 꽃으로 피어나고 싶은
끈질긴 열망
멈출 수 없어

고목과의 오붓한 동거

아하!
고목에 꽃이 피고
구름은 꽃이 되었구려

✻✻✻ 침엽수·활엽수의 고목에 무리져 자라며 전세계에 분포하고 있다. 갓의 지름은 1~1.5cm 가량으로 반원형이며, 표면은 회색·황갈색·암갈색·흑색 등으로 둥근 무늬가 있으며 짧은 털이 빽빽하게 나 있다. 장식용이나 약재로 쓴다.

노란달걀버섯

깜찍스럽게 반짝이는
갓 낳은 달걀을
받치고 있는 하얀 대주머니는
노른자를 둘러싸고 있는
흰자위의 본능적 희생인가?

자연의 순리만이 가능한
신비의 극치가
바로 눈앞에서 펼쳐지고 있다

이루고 싶은 꿈을 향한
원대한 생명력의 파노라마

❋❋❋ 여름~가을에 침엽수림·활엽수림 내 땅 위에 자라며 한국·일본·동남 아시아 등지에 분포한다. 유균은 달걀형이다. 갓은 지름 3~15cm 가량이며 처음엔 반구형이나 점차 편평형이 되며, 표면은 황색~등황색이고 둘레에는 방사상 홈선이 있다. 주름살은 떨어진형이며 약간 빽빽하고 황색이다. 대는 8~18×0.4~1.8cm 가량으로 표면은 황색이고 등황색의 섬유상 인편이 있고 황색 턱받이가 있다. 기부엔 백색 대주머니가 있으며, 식용할 수 있다.

노랑망태버섯

고요하게 흐르는
바람 소리 음악 삼아
해묵은 낙엽 융단 위를
사뿐사뿐 걸어나오는
숲속나라 공주들의
화려한 패션쇼

흠잡을 데 없는
인형 같은 머릴 하고
하얀 속옷 위로 멋스럽게 늘어뜨린
샛노란 망사 드레스에
햇볕도 눈이 부셔 주춤거리고
평온하던 숲도 놀라 술렁거린다

❋❋❋ 여름~가을에 침엽수림·활엽수림·아카시아 숲·정원 내 땅 위에 자라며 한국·일본·동남 아시아 등지에 분포한다. 유균은 지름 3.5~4cm 가량으로 달걀형 또는 원형의 백색·담자갈색이며, 자실체는 10~20×1.5~3cm 가량 자란다. 갓의 지름은 2.5~4×2.5~4cm 가량으로 종형이며, 표면에는 망목상의 융기가 있고 점액화된 암록색의 기본체에서는 악취가 난다. 갓 아래로는 10×10cm 가량의 황색 망사 스커트 모양의 균망이 펼쳐지고 대는 백색이다. 식용할 수 있다.

달걀버섯

우중충한 갈잎 헤치고
꽃처럼 화려하게 등장한
천상의 여인인가?

어디서도 본 적 없는
매력적인 거동 앞에
무심한 나그네 마음까지
사로잡아 흔드는구려

썩은 낙엽을 먹고도
스스로는 눈부신 마력으로
어둔 숲 밝히는 화신이어라
화신이어라

✳✳✳ 여름~가을에 침엽수림·활엽수림 내 땅 위에 자라며 한국·중국·일본·스리랑카·북아메리카 등지에 분포한다. 유균은 달걀형이다. 갓의 지름은 5~18cm 가량으로 처음엔 반구형이나 점차 편평형이 되며, 표면은 적색~적황색이며 둘레엔 방사상의 선이 있다. 주름살은 떨어진형이며 약간 빽빽하고 황색이다. 대는 10~20×0.6~2cm 가량으로 표면은 황색이며 적황색의 섬유상 인편이 있고 등황색 턱받이가 있다. 기부엔 백색 대주머니가 있으며, 식용할 수 있다.

두엄먹물버섯

무슨 기이한 비밀이라도
품고 태어난 듯
아무리 둘러봐도
쉽게 짐작할 수 없어
쌓여만 가는 궁금증

색깔부터 예사롭지 않게
윤기마저 흐르니
다가가던 손끝이
마음인 양 떨린다

무슨 말이든
물어보고 싶은데…

✽✽✽ 봄~여름에 정원·목장·화전지·부식질이 많은 밭에 자라며 전세계에 분포한다. 갓은 지름 3~7cm 가량으로 처음엔 달걀형이나 점차 종형·원추형이 되며, 표면은 회백색에서 회살색·흑살색이 된다. 주름살은 끝붙은형이고 빽빽하며, 처음엔 백색이다가 자회색을 거쳐 흑색으로 변한다. 대는 5~15×0.5~1.3cm 가량으로 속은 비어 있다. 식용 가능하나 술과 함께 먹으면 중독을 일으킨다.

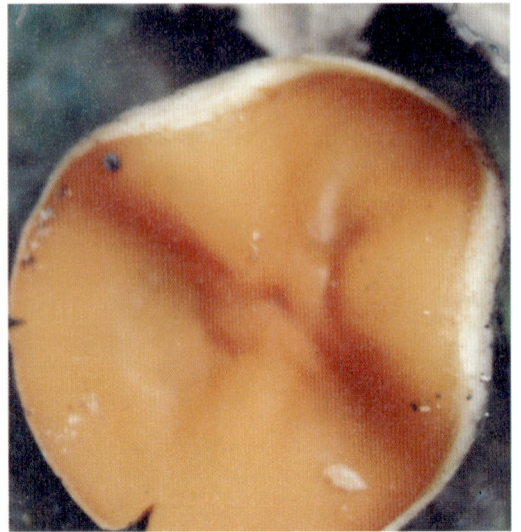

들주발버섯

크고 작은 사금파리 주워
밥상을 차리며 놀던
소꿉친구가 생각난다

제비꽃씨를 따서
쌀밥을 담을까
냉이를 찧어서
국을 담을까
꽃잎을 썰어서
별찬을 담을까

한 상 가득 차려 놓으면
나비 손님 오기도 전에
개미가 먼저 시식을 할까

✲✲✲ 여름~가을에 걸쳐 산림 속 땅 위에 자라며 전세계에 분포한다. 대는 없으며 자낭반은 지름 2~6cm 가량이며 주발 모양 또는 접시 모양으로 내면의 자실층은 적등색이고 외면은 담적등색이며 분말 모양의 흰색 털로 덮여 있다.

완전히 마른 상태

말굽잔나비버섯

그침 없이 자란 고목에
혹 같은 존재라 할지 모르지만
오가는 사람들의 숨소리 들으며
세상사 가늠할 줄도 안다오

세월의 양식을 먹고
햇살과 산바람으로 살찐
고목이 낳은
위대한 나눔의 유산

죽기 전에 해야 할
세상을 향한 보시
알토란 같은 삶의 보람이어라

❋❋❋ 봄~가을에 걸쳐 침엽수의 고목에 자라는 목재갈색부후균이며 전세계에 분포한다. 갓은 지름 15cm 두께 13cm 가량으로 밀굽형 또는 종형이며 표면은 얕은 둥근 무늬가 있으며 황갈색이고, 조직은 백색으로 부서지기 쉽고 쓴맛이 있다. 자실층은 백색이나 담황색으로 되며 마르면 짙은 갈색의 딱딱한 나무질로 변한다.

말총낙엽버섯

해묵은 낙엽 속에서
씨앗 껍질을 모자처럼 쓰고
말없이 올라오는
새싹 같은 신비로운 존재

낙엽 밑에 손을 숨기고
줄 하나 잡고 열연을 펼치는
아슬아슬한 인형극을 보듯
작은 몸짓 하나하나까지
놓칠 수 없는 매력적인 연기

정답게 주고 받는 인형의 목소리
금방이라도 들릴 것 같아
가만히 귀를 기울여 봅니다

❋❋❋ 각종 산림 내 낙엽 속에 무리 지어 자라며 한국·인도·일본·오스트레일리아·유럽 등지에 분포하고 있다. 갓의 지름은 0.6~0.7cm 가량으로 종 모양이며, 표면은 처음엔 흰색이다가 점차 황갈색으로 되며 우산살 모양의 홈선이 있다. 주름살은 떨어진형이며 성기게 7~8개가 있다. 대의 길이는 1~10cm 가량이며 흑색이다.

갓이 피어나기 전의 모습

먹물버섯

불리워지는 이름과는
전혀 다른 것처럼
하얀 달걀 모양을 하고 있으니
의아스럽기도 하겠지만

어린 티 벗고
긴 종 모양의 갓을 쓰고 나면
본색을 드러내며
먹물이 뚝뚝 떨어질 것 같은
검은 주름살

잠시 겉만 보고
이러쿵저러쿵 하지 말자

❋❋❋ 봄~가을에 정원·잔디밭·목장·길가에 자라며 전세계에 분포한다. 갓의 지름은 3~5cm, 높이 5~10cm 가량이며 처음엔 긴 달걀형이나 점차 종 모양으로 되며, 표면은 흰 바탕에 담갈색 거친 섬유형이다. 주름살은 끝붙은형 또는 떨어진 형으로 빽빽하며 흰색에서 점차 갈색·흑색으로 변하며 갓 끝 부위부터 녹아 없어지고 대만 남는다. 대의 속은 비어 있으며, 식용할 수 있다.

민자주방망이버섯

아무도 짐작할 수 없는
은밀한 재주로
지나가던 사람까지
깜짝 놀라게 할 것만 같아
숨소리마저 참으며
조심조심 다가가지만

방망이 색깔만 보아도
신비롭기 그지없어
까닭 모를 기이한 현상이라도
불쑥 튀어나올 듯

가늠할 수 없는 생각에
궁금증만 커져 가네

✸✸✸ 늦여름~초겨울에 정원이나 잡목림 내 땅 위에 자라며 북반구 일대·오스트레일리아 등지에 분포한다. 갓의 지름은 4~12cm 가량으로 평반구형·편평형이며, 표면은 평활하고 처음엔 자주색이나 점차 퇴색하여 갈자색이 되며 끝은 굽은형이다. 주름살은 끝붙은형이며 빽빽하고 처음엔 자주색이나 후에 담황자색이 된다. 대는 4~9×0.8~2cm 가량으로 표면은 자주색이고 기부는 약간 굵다. 식용할 수 있으나 생식하면 중독된다.

밀버섯

고만고만하게 둘러앉아
오순도순 정답게
무슨 얘길 하고 있을까

아침이라면
어젯밤 별빛이 하도 고와
시를 한 편 지었노라고
서로 다투듯 자랑이라도 할까

해 질 무렵이라면
황혼빛 사라지기 전에
달맞이꽃 마중 나가자며
끼리끼리 소곤거릴까

✽✽✽ 여름~가을에 걸쳐 활엽수림 내 땅 위에 자라며 북반구 일대·아프리카·유라시아 등지에 분포한다. 갓은 2.5~5cm 가량으로 처음엔 평반구형이나 점차 편평형이 되며, 표면은 평활하고 적갈색이며 중앙부는 짙은색이다가 점차 퇴색하여 담황색·담회갈색이 된다. 주름살은 끝붙은형이고 빽빽하다. 대는 자라면서 속이 비고 가끔은 납작하게도 된다. 식용할 수 있다.

불로초(영지)

속에서부터 솟아오르는 힘을
주체할 수 없어 토해내는
갈색 윤기로 빚어낸
세련된 조각품인가?

방황하는 세상사를
초강력 압축기로 압축한
웅크리고 있던 오만 가지 고뇌가
불쑥 튀어나올 것만 같아
오싹해지는 등골
으스스한 묘한 기분에

잠자코 있던 핏줄이
덩달아 요동을 친다

❋❋❋ 활엽수 밑동이나 그루터기에 자라며 한국·중국·일본 등지에 분포한다. 갓은 지름 10~15cm 가량으로 자루와 갓 표면은 단단하며 윤기 나는 코르크질이다. 자루가 한쪽으로 치우쳐 있으며 갓 표면엔 둥근 고리 무늬가 연속해 생긴다. 어린 것은 연노란색이나 점차 갈색으로 변한다. 한약재나 장식용으로 널리 쓰며 인공 재배법이 개발되었다. 일명 영지.

시들어 굽혀진 모습

붉은말뚝버섯

버섯 동네에
새집이라도 한 채
들어설 모양인 듯

말뚝 하나까지
고급스러운 걸 쓴 걸 보면
돈 꽤나 있는 집인 듯한데

주위가 부럽도록
당당하게 박혀 있는 말뚝이
시들어 굽혀지도록
시작도 안 할 걸 보면
주인이 좀 게으른가!

❉❉❉ 봄~가을에 숲속이나 밭·화전·활엽수 그루터기에 자라며 한국·동남아 시아·타이완 등지에 분포한다. 유균은 2.5~3×2cm 가량의 백색·담자색 달걀형 이나 자라면서 갓과 대가 나와 10~15cm 가량 된다. 갓은 1.5~3.5×1cm 가량의 종형이고 암적색이며, 표면엔 세로주름이 있고 갈흑색의 점액이 있어 악취가 난 다. 대는 9~15×1.5cm 가량의 원통형이고 속은 비어 있고 홈 반점이 있으며, 위쪽은 담홍색 아래쪽은 백색이고 기부엔 대주머니가 있다. 식용 불명이다.

비단그물버섯

신비스런 광채를
온몸에 품고 다니는 것처럼
눈길 사로잡는 매력도 눈부신데
여유로운 발걸음마다
가벼운 옷깃 날리며
보일 듯 말 듯한
바람이 인다

아무런 말도 없이 내리비치는
고요한 햇살에
단풍잎 물들어 가듯
여인네 가슴에
바람이 분다

✽✽✽ 여름~가을에 소나무 숲·내 땅 위에 자라며 북반부 온대 이북에 분포한다. 갓은 지름 3~15cm 가량으로 처음엔 평반구형이나 점차 편평형이 되고, 표면은 젤라틴질로 고동색·농적갈색이며 습하면 점성이 있다. 대는 3~7×0.6~2.1cm 가량이며, 턱받이 위쪽은 담황색 바탕에 자갈색 작은 돌기가 빽빽하게 나 있고 아래쪽은 자갈색 바탕에 짙은 작은 돌기가 퍼져 있다. 식용할 수 있다.

색시졸각버섯

칙칙해 보이는
주변의 묵은 갈잎 덕분에
더욱 돋보이는
너의 우아함인가?

아니지, 누구 덕분이 아니라
너의 우아함이
그 무엇보다 뛰어난 때문일 거야

타고난 품격은
아무도 어쩌지 못하는 것인데
스스로 가꾸기까지 하며 살아간다면
그야말로 일품 삶일 테니까

✽✽✽ 여름에 활엽수림 내 땅 위에 자라며 한국·일본·뉴기니 등지에 분포한다. 갓은 3~8cm 가량으로 처음엔 평반구형이다가 점차 오목편평형이 되며, 표면은 담사갈색·담황갈색이며 빙사상의 홈선이 있다. 주름살은 내린형 또는 완전붙은형으로 성기며 갓의 색깔과 같다. 대는 5~8×0.3~0.7cm 가량으로 위 아래 굵기가 같고 표면은 섬유상이며 세로줄이 있다. 식용할 수 있다.

조금 시들어 기울어지는 모습

세발버섯

소리 소문도 없이
땅속에서 솟아오른 건
싱싱한 낙지 다리?

천지 개벽을 암시하는
전주곡은 아닐런지!

산이 바다를 불러와
나무 뿌리와 낙지 다리가
야합을 했다는 그런 소리
아직은 못 들었는데…

혹시, 짝사랑에 빠진
버섯의 대변신인가!

✱✱✱ 봄~가을에 산림 내 부식질 땅에 자라며 전세계에 분포한다. 유균은 지름 1~2cm 가량으로 백색 달걀형이나 성숙하면 자실체가 나와 4~7cm 가량 자란다. 대의 아래쪽은 원통형으로 짧고 위쪽은 담황색·주황색으로 3~4개로 가지가 갈라지고 꼭대기 부분은 붙어 있는데, 갈라진 가지 안쪽에는 점액성 갈흑색 기본체가 있어 심한 악취가 난다. 식용 불명이다.

수원무당버섯

입에 넣으면
졸깃졸깃 보들보들할 것 같아
참으로 먹음직스럽게
군침이 돌고
제법 화사한 느낌까지 들게 하니
보는 눈도 즐거워
손길 절로 간다

대놓고 말은 안 해도
기다림까지 가르쳐 주는 녀석
좀은 얄밉기도 하지만
그렇다고 진정 미워할 수도 없으니
우리 서로
웃음이나 웃자

❋❋❋ 여름~가을에 걸쳐 활엽수림·침엽수림 내에서 자라며 한국·일본에 분포한다. 갓은 지름 1.5~5cm 가량으로 처음엔 반구형이나 점차 편평형 또는 깔때기 모양으로 되며, 표면은 선홍색이며 담홍색 분말 모양의 얼룩이 있다. 주름살은 내린형으로 빽빽하며 처음엔 백색이다가 점차 담홍색이 된다. 조직은 백색이고 달콤하며 특이한 냄새가 난다. 소금에 절여 겨울에 식용한다.

좀나무싸리버섯

싸리버섯

상쾌한 산바람 따라
멀리서부터 찾아온
소문난 식객을 부르며
싱그럽고 화사하게 피어난
숲속의 산호

네가 만약
깊은 바다에서 태어났다면
푸른 물살 일으키며
쉼없이 유영하는
매혹적인 물고기들 앞에서

얼마나 더
멋진 춤을 추고 있을까

✳✳✳ 가을에 활엽수림 내 땅 위에 자라며 한국·일본·유럽·북아메리카 등지에 분포한다. 자실체는 높이 7~18cm, 너비 6~20cm 가량의 산호형으로 잔가지가 많으며 잔가지 끝은 담홍색·담자색이고 다른 부위는 백홍색으로 오래 되면 황토색으로 변한다. 조직은 백색이며 맛과 향이 좋다. 식용할 수 있다.

애기낙엽버섯

지난해 떨어져 쌓인
낙엽의 환생인가?

생전에 못다 한
꿈 같은 사랑 잊을 수 없어
봄볕 내려와 조잘거리는 숲속에서
낙엽 빛깔 갓을 쓰고
불현듯 나타났네

바스락 바스락 낙엽 밟는 소리에
기지개 켜듯
높은 꿈을 좇으며
하늘 향해 치닫는 마음

❋❋❋ 여름~가을에 활엽수림 내 낙엽 위에 자라며 북반부 일대에 분포한다. 갓은 지름 1~2cm 가량으로 종형·반구형이며 표면은 방사상 홈선이 있고 황토색·등황색·담홍색으로 다양하다. 주름살은 완전붙은형 또는 끝붙은형이며 성기고 백색 또는 담홍색이다. 대는 4~7×0.1cm 가량으로 가늘고 길며 속은 비어 있고 표면은 백색·담황색이다가 차차 흑갈색으로 된다. 식용 불명이다.

앵두낙엽버섯

하마터면
이렇게 진귀한 손님을
그냥 지나칠 뻔했으니
얼마나 다행인가!

때때옷 갈아입고
아장아장 걸어 나오는
귀여운 꼬마 아씨처럼
터질 듯한 양 볼에
반짝이는 순수의 빛 붉다

쪼그리고 앉아
마주하고 있는 내 가슴이
자꾸만 두근거린다

❋❋❋ 여름~가을에 산림 내 낙엽 위에 자라며 한국·일본·북아메리카 동부 등지에 분포한다. 갓은 지름 0.7~1.5cm 가량으로 방추형·반구형이며 담홍색·자홍색이고 표면엔 방사상 홈선이 있다. 주름살은 완전붙은형이고 주름살 수는 16~18개로 성기고 백색 또는 담홍색이다. 대는 3~6×0.2cm 가량으로 철사 모양이며 흑갈색이다. 식용 불명이다.

우산버섯

홀가분하게 떠난
첩첩 산행길에서
뜻하지 않게 비를 만난다 해도
네가 옆에 있다면
몸도 마음도 젖지 않고
보송보송할 것만 같은데

아무도 오지 않는 숲속에
너만 혼자
커져만 가는 빗소리 들으며
마음 울적해질 땐
누가 와서 위로해 줄까

✾✾✾ 여름~가을에 활엽수림·침엽수림 내 땅 위에 자라며 전세계에 분포한다. 유균은 달걀형이며 갓의 지름은 3~9cm 가량으로 처음엔 반구형이나 점차 볼록편평형이 되며, 표면은 회색·회갈색으로 방사상 홈선이 있다. 주름살은 떨어진형이며 약간 빽빽하며 백색이다. 대는 9~12×1.5~2cm 가량으로 위쪽이 가늘며 속은 비어 있고 표면은 백색·회백색이고 분말이 조금 있다. 기부엔 백색 대주머니가 있다. 식용할 수 있으나 생식하면 중독된다.

자주방망이버섯아재비

어쩌다가
자주방망이버섯이 되지 못하고
그의 아재비가 되었을까?

하긴, 이름이 뭐 그리 문제겠나
어디서든 잘 자라
맛있는 요리로 대접받는다면
그까짓 촌수쯤이야
아무러면 어떤가

오늘 하루도
내 빛깔로 살찌우며
건강하게 살면 그만인 것을

✽✽✽ 여름~가을에 유기물이 많은 밭이나 길가 풀밭·화전지 등에 자라며 북반부 일대에 분포한다. 갓은 지름 3~8cm 가량으로 처음엔 평반구형이나 점차 편평형·오목편평형이 되며, 표면은 처음엔 담자갈색이다가 점차 황회갈색이 된다. 주름살은 완전붙은형 또는 홈형이며 성기고 담회자색이다. 대는 2.5~4.5×0.6~1cm 가량으로 위 아래 굵기가 같고 표면은 섬유상이며 담회자색이다. 식용할 수 있다.

잣버섯

참하고 평온한 것이
마치 오래된 친구처럼
다정한 모습 변함없으니
어찌 널
그냥 지나칠 수 있을까

가까이 다가가서
얼굴 마주하고 앉으면
무슨 얘기라도 금방
조잘조잘 걸어올 것 같아
공연히 두근거리는 마음인 것을
넌 알기나 할까

❋❋❋ 여름~가을까지 침엽수의 그루터기나 고목 생나무에 자라며 전세계에 분포한다. 갓은 지름 5~15cm 가량이며 처음에는 평반구형이나 점차 편평형이 되며 표면은 백색~담황길색이며 황길색의 인피가 있다. 주름살은 홈형이며 약간 빽빽하고 백색이다. 대는 2~8×1~2cm 가량으로 표면은 백색~담황색이고 황갈색의 인피가 있다. 먹을 수 있으나 가벼운 중독성도 있다.

콩꼬투리버섯

진정
너도 틀림없는 버섯이더냐?

어딜 봐도
그럴 듯한 데라고는
찾을 수 없으니 말이다

희한하고 신기한 일
믿고 싶어도 믿을 수 없는 일
많고도 많은 세상이지만
아무리 봐도 긴가민가하여
몇 번이고
다시 다시 묻고 싶구나

✲✲✲ 여름~겨울에 걸쳐 산림 내 고목 위에 자라며 전세계에 분포한다. 자실체는 3~8×1cm 가량으로 자라며 나뭇가지형이고 흑갈색 목탄질이며 위쪽은 푸른빛이 도는 회백색이다. 표면에는 사마귀가 있으며, 그 속에는 자낭이 들어 있는 자낭각이 있고, 포자는 콩 모양이다. 식용 불명이다.

큰갓버섯

잘 길들여진
고급스럽게 만든 대 위에
세련된 무늬까지 새긴
큰 갓을 씌웠으니

두루마기 차림의 남정네
갖춰 쓴 갓이 아니라
신세대 멋쟁이의
기능성 패션 우산이네

장대 같은 소나기
한바탕 퍼붓는다 해도
불 같은 뙤약볕
사정없이 내리쬔다 해도
아무 걱정 없겠다

❋❋❋ 여름~가을에 산림·풀밭에 자라며 전세계에 분포한다. 갓의 지름은 7~20cm 가량으로 처음엔 달걀형이나 점차 볼록편평형이며, 표면은 연회갈색으로 표피가 갈라지면서 생긴 적갈색 비늘조각이 있다. 주름살은 백색 떨어진형으로 빽빽하다. 대는 15~30cm 가량으로 속은 비어 있고 표면은 갈색·갈회색으로 표피가 갈라지면서 뱀 껍질 모양이다. 식용할 수 있으나 생식하면 중독된다.

큰낙엽버섯

화창한 봄날
화사하게 차려입고 나선
풋풋한 여인의 양산처럼
사뿐사뿐 날아갈 듯
꽃놀이 가는 마음

꽃다지 뜯고
진달래꽃 따서
꽃달임을 하고 놀까

제비꽃 길 지나
찔레꽃 동산에서
고향 노래로 취해 볼까

✸✸✸ 봄~가을에 걸쳐 각종 산림·정원 내 땅 위나 낙엽 위에 자라며 한국·일본 등지에 분포한다. 갓은 3~10cm 가량으로 처음엔 평반구형이나 점차 볼록편평형으로 되며, 표면은 점차 방사상 홈선이 나타나며 담황색~담황갈색이다가 건조하면 다소 백색으로 변한다. 조직은 얇고 질기다. 주름살은 끝붙은형 또는 떨어진형이며, 대는 4~9cm 가량으로 위 아래 굵기가 비슷하며 질긴 섬유질로 담황갈색이다. 식용할 수 있다.

테두리방귀버섯

우주를 떠돌던 별이
뭐가 좀 잘못 되어
땅에 떨어진 것처럼
괴이스런 낯선 만남

별의별 생각으로 뒤숭숭한
무거운 침묵을 느끼며
살짝 누르는 순간
픽~ 방귀 소리를 내며
볼품없게 터지며 찌그러졌다

희한한 녀석!
속 한번 시원하겠구나

✽✽✽ 여름에 낙엽이 쌓인 숲속 땅 위에 무리 지어 자라며 전세계에 분포한다. 둥근 몸체의 지름은 1.5~4cm 가량이며 처음엔 흰색이다가 자라면서 점차 황갈색이 되며 외피는 5~10조각으로 별 모양으로 갈라지며 뾰족한 끝은 점차 뒤로 젖혀진다.

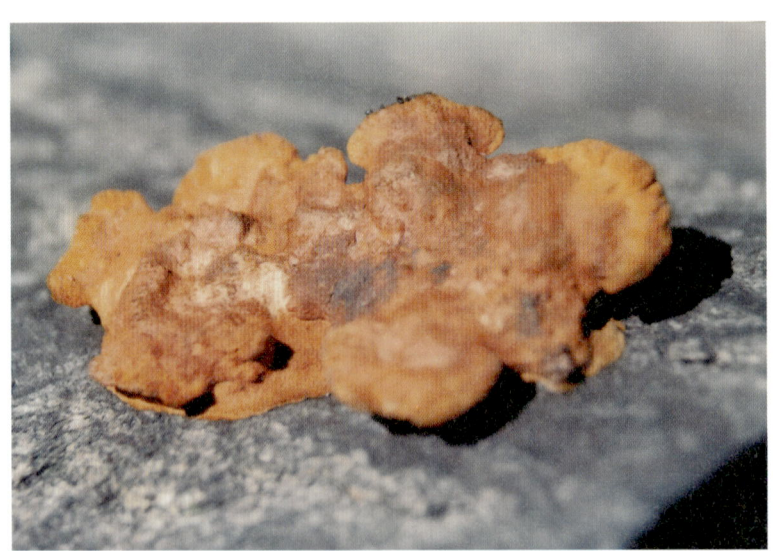

해면버섯

몸을 어느 쪽으로 키워 나갈지 몰라
조금은 불안하기도 하지만
그게 오히려 자유롭고
여유스럽다는 생각을
떨쳐버릴 수가 없다

얼마나 좋은가
딱히 그려진 그림대로 살지 않아도
아무 문제 없이 지낼 수 있다면

잘 다듬어진 길보다
언제나 가능성이 열려 있는
매력적인 삶이려니

✽✽✽ 여름~가을에 걸쳐 침엽수의 생나무 그루터기에 자라며 한국·일본·북반부 온대 이북 등지에 분포한다. 갓은 지름 10~15cm 가량으로 반원형 또는 부채형이며 표면은 갈황색·적갈색에서 점차 암갈색이 되며 희미한 둥근 무늬와 비로드 모양의 털이 있고 조직은 해면질이며 암갈색이다.

혀버섯

맑은 숲에 사는 너라면
거짓말 같은 건 없을 거야

말 한마디가
독이 되고 상처 되었다는
그런 소릴 들어본 적 없으니까

이슬을 마시며 사는 너라면
헛소리 같은 건 없을 거야

말 한마디로
약이 되고 살이 되는
그런 일만 있을 테니까

✽✽✽ 봄~가을에 걸쳐 침엽수의 고목이나 죽은 가지에 자라며 전세계에 분포한다. 자실체는 0.4~1.5×0.2~0.7cm 가량으로 수격형 또는 부채형이며 표면은 등황색이며 젤라틴질이다. 자실층은 평활하고 등황색이며 반대쪽은 짧은 털이 나있고 담황색이고 마르면 백색이 된다. 식용 불명이다.

화병꽃버섯

꽃을 꽂는
화병이어도 좋고
화병에 꽂히는
꽃이어도 좋을 멋쟁이

습하고 칙칙한 숲속에서
너만 홀로
해맑은 선홍빛 사랑
가슴 뛰도록 눈이 부시는데

어두운 밤이 되면
그 요염한 자태
누가 와서 봐주나!

❋❋❋ 여름~가을에 걸쳐 소나무 숲·활엽수림 내 습지에 자라며 북반부 일대에 분포한다. 갓은 지름 0.5~3.5cm 가량으로 처음엔 평반구형이나 점차 오목편평형이 되며, 표면은 작은 인편이 있고 선홍색·주홍색이다. 주름살은 성긴 내린형이며 담황색·난황색이다. 대는 3~9×0.1~0.3cm 가량으로 속은 비어 있고 잘 부서지며 선홍색·등황색이다. 식용 불명이다.

흰애주름버섯

널 보고
썩은 뿌리에서 태어났다면
누가 믿을까

검게 썩은 밥을 먹고도
네 몸은
희디흰 보석을 닮았으니
참으로 희한한 조화 아니더냐

바람이라도 불면
금방 쓰러지고 말 것 같은
가냘픈 모습으로
오순도순 정답게 보이기까지 하니
어찌 아니 예쁘겠나

❋❋❋ 여름~가을에 부러진 가지나 썩은 뿌리에서 자라며 한국·동아시아·유럽·북아메리카 등지에 분포한다. 갓은 지름 0.5~1cm 가량으로 반구형이며, 표면은 백색이고 백색 분말로 덮여 있고 방사상 홈선이 있다. 주름살은 끝붙은형 또는 떨어진형이고 성기며 백색이다. 대는 2~4×0.1cm 가량으로 반투명하고 표면엔 백색 잔털이 있다. 식용 불명이다.

작품 연보

1. 『敎壇의 上과 下』
   원제목: '스쳐간 사람들'
   제15회 신동아 논픽션 우수작 당선(1979)
   1980년『신동아』1월호에 수록(朴石雲이란 필명으로) '논픽션 시리즈' 제4권에 수록(동아일보사, 1980)

2. 『국적 모를 골목 기지촌』
   원제목: '국적 모를 골목'
   제24회 신동아 논픽션 최우수작 당선(1987)
   1987년『신동아』11월호에 수록
   '한국 최우수 논픽션 모음' 제1권에 수록(도서출판 世代, 1990)

3. 제1시집『白頭民族』: 장편 민족 서사시
   ①河洛圖書(1991. 11. 30.)
   ②도서출판 청학
   · 2판 1쇄(1992. 10. 15.), 2쇄(1994. 11. 30.)
   ③남양주·구리 지역의 풍양신문에 1년 반에 걸쳐 연재(1990~1991)

4. 제2시집『아름다운 나라』: 사진·기행시
   · 시도출판사(1993. 5. 15.)

5. 제3시집『터 찾아 혼 찾아』: 민족서사기행시
   ①시도출판사(1994. 7. 20.)
   ②혜림출판사, 2판 1쇄(1995. 8. 1.)
   · 1, 2권으로 재판 발행

6. 월간『한맥문학』에 시 당선(1994년 1월호)
   ·「蘭에게」「봄눈」「비에 젖은 낙엽」등

7. 단편소설집『초록색 연가』
   · 시도출판사(1994. 11. 1.), 15편
   · 1982~1994년까지『내륙문학』『북한강문학』『글핀샘』등에 발표한 작품

8. 제4시집『장자울 햇살』
   · 도서출판 청학(1995. 3. 30.)

9. 제5시집『오늘』
   · 시도출판사(1995. 5. 1.)
   ·『글핀샘』창간호~제4집에 연재한 '오늘의 서사시' 모음

10. 제6시집『초록 물결 소리』
    · 혜림출판사(1995. 9. 16.)

11. 옮긴 소설『못다 쓴 편지』
    · 혜림출판사(1995. 9. 16.)
    · 원작자: 윤천(尹天), 중국 동포

12. 제7시집『새벽의 환상곡』
    · 혜림출판사(1996. 2. 5.)

13. 제8시집『산바람 님바람』
    · 혜림출판사(1996. 7. 5.)

14. 제9시집『석 줄의 향기』
    · 혜림출판사(1996. 9. 20.)
    · 전권, 3자 말 이어짓기

15. 제10시집『고독의 강물』
    · 은혜미디어(1997. 3. 10.)

16. 제11시집『꽃 나들이』: 시와 산문
    · 은혜미디어(1997. 9. 10.)

17. 제12시집『끝없는 대화』: 문답식 단상과 시
    · 은혜미디어(1998. 2. 28.)

18. 제13시집『울 수 있는 날의 행복』
    · 은혜미디어(1998. 11. 5.)

19. 제14시집『꽃멀미 마중』
    · 도서출판 대일(1999. 9. 10.)

20. 제15시집 『사람의 숲』
   · 북랜드(2000. 7. 10.)
   · 제2회 교단문학상 대상 수상(2000. 12.)

21. 제16시집 『풀씨 · 하나』
   · 교단문학출판부(2001. 9. 28.)
   · 자필 시집, 본인이 찍은 표지 사진(며느리밑씻개꽃)

22. 제17시집 『풀씨의 숨소리』
   · 북랜드(2003. 3. 15.)

23. 제18시집 『꽃달임』
   · 북랜드(2007. 10. 25.)
   · 본인이 찍은 표지 사진 : 비꽃(가칭)

24. 제19시집 『꽃이랑』
   · 月刊文學출판부(2010. 5. 20.)
   · 본인이 찍은 표지 사진 : 큰방울새란꽃

25. 「갈대꽃」 시비 제막
   · 충남 보령 시와숲길공원(2010. 10. 23.)

26. 「구름 나그네」 육필 시비 제막
   · 충남 보령 시와숲길공원(2011. 6. 18.)

27. 제20시집 『꽃탑1』 : 풀꽃 사진과 시
   · 月刊文學출판부(2011. 9. 5.)
   · 제20회 한국농민문학상 수상(2013. 1.)

28. 제21시집 『꽃탑2』 : 나무꽃 사진과 시
   · 月刊文學출판부(2012. 3. 7.)
   · 제20회 한국농민문학상 수상(2013. 1.)

29. 제22시집 『꽃씨의 꿈』
   · 도서출판 무진(2012. 3. 22.)
   · 본인이 찍은 표지 사진(빗자루국화꽃)
   · 제20회 한국농민문학상 수상(2013. 1.)

30. 인물상, 「각시붓꽃」 공동 시비 제막
   · 충남 보령 시와숲길공원(2012. 5. 12.)

31. 제23시집 『꽃탑3』 : 나무꽃 사진과 시
   · 月刊文學출판부(2013. 5. 15.)

32. 제24시집 『꽃탑4』 : 나무꽃 사진과 시
   · 月刊文學출판부(2014. 3. 15.)

33. 제25시집 『꽃바람』
   · 도서출판 무진(2014. 6. 15.)
   · 본인이 찍은 표지 사진 : 야콘꽃

34. 제26시집 『꽃탑5』 : 풀꽃 사진과 시
   · 月刊文學출판부(2015. 4. 20.)

35. 제27시집 『꽃보라』
   · 도서출판 무진(2016. 1. 25.)
   · 본인이 찍은 표지 사진 : 구름국화꽃

36. 제28시집 『꽃탑6』 : 풀꽃 사진과 시
   · 月刊文學출판부(2016. 5. 15.)

37. 제29시집 『꽃탑7』 : 풀꽃 사진과 시
   · 月刊文學출판부(2017. 3. 20.)

38. 제30시집 『꽃구름』
   · 도서출판 무진(2017. 12. 22.)
   · 본인이 찍은 표지 사진 : 금강초롱꽃

39. 제31시집 『꽃탑8』 : 풀꽃 사진과 시
   · 月刊文學출판부(2018. 4. 20.)

40. 제32시집 『추억의 꽃길』
   · 도서출판 무진(2018. 12. 20.)
   · 본인이 찍은 표지 사진 : 버들잎엉겅퀴꽃

41. 제33시집 『꽃탑9』 : 풀꽃 사진과 시
   · 月刊文學출판부(2019. 3. 20.)

42. 제34시집 『민들레꽃 시계』
   · 月刊文學출판부(2020. 3. 30.)
   · 본인이 찍은 표지 사진 : 정영엉겅퀴꽃

43. 제35시집 『꽃탑10』 : 풀꽃 사진과 시
   · 月刊文學출판부(2020. 3. 30.)

박정자 풀꽃 사진 시집_ 꽃탑 10

초판 인쇄 | 2020년 3월 25일
초판 발행 | 2020년 3월 30일

지 은 이 | 박정자
발 행 인 | 이광복
편집국장 | 김밝은

펴낸곳 | 한국문인협회 月刊文學 출판부
주소 | 서울시 양천구 목동서로 225 대한민국예술인센터 1017호
전화 | 02-744-8046~7
팩스 | 02-743-5174
이메일 | klwa95@hanmail.net
등록 | 2011년 3월 11일 제2011-000081호
ISBN 978-89-6138-426-1 03810

값 15,000원

잘못 만들어진 책은 바꾸어 드립니다.